減税救国論

須藤元気

幻冬舎

「WE ARE ALL ONE」をモットーにしている僕は、
みんなで幸せにならないと
本当の意味で誰も幸せになれないと思っている

まえがき
闇からの救出

二〇一九年七月、参議院議員選挙で当選して政治家となった。ご存じの方もいるかと思うが、僕は格闘家だった。引退後は学生レスリング日本代表監督、WORLD ORDERというパフォーマンスユニットでの活動、居酒屋の店主やその他いろんな分野に挑戦してきた。全てにおいて言えることは、何をするにしても踏切台に向かうスキージャンパーのように「前のめり」だったということだ。ある程度計画性はあったものの、僕は何かを思い立つと止まっていることができないので、周りにいたスタッフや仲間は大変だったと思う（今もです）。

経歴だけ見れば要領良くやってきたと思われがちだが、振り返れば綱渡りの人生だった。

そんな僕にとって生まれて初めての「就職」は政治家だった。僕が政治家になることを選んだことに戸惑った人もいたが、この選択は自分自身にとっては意外ではない。子供の頃から政治家になろうと思っていたからだ。

子供の頃は、多動気質で、教室の椅子にずっと座っていることがきつかった。椅子に座っていることはほとんどの子供にとって簡単なことだと思うが、僕には困難だった。

僕は中学生になり、「トリッキーすぎる」というトリッキーではない理由で先生たちに殴られるようになり、中学三年くらいからグレ始めた。

自分の居場所が見つからず、友達とつるんで笑っていても、空虚な思いが消えることはなかった。生きる場所を求めて、精神的に彷徨《さまよ》っていたように思う。

そんな僕が政治家になろうと最初に思ったのは高校一年の夏、上野で警察に補導された時の出来事がきっかけだった。

僕を補導した女性警察官が、まるで陶芸家が器の輪郭を確かめるかのように目を細めて僕の顔を見ながらこう言った。

「あなたの目にはまだ光があるわ。見逃してあげる。心を入れ替えなさい」

まるで二流映画で目にする、強引な展開を作るセリフのようであった。

そして、その言葉通り、僕をその場でリリースしてくれた（ちなみに一緒に捕まったのはヤンキー漫画『クローズ』のリンダマン似の友達だったのだが、彼は態度が悪すぎて警察署にしょっぴかれた）。

僕には、まだ可能性があるのか？

切り替えが早い僕は、この日を境に心を入れ替えた。

「みんなが弱者や困っている人にもっと手を差し伸べて助けることができたら、誰もが生きやすい世界になってくるのではないだろうか。おそらく政治が変わればいいのだろう」

と考え始めた。

「なぜ、自分は道を踏み外したのか」

自分なりにそのことを考えてみると、社会の中で疎外感があったのだと思う。

自分は「人と違う」という理由だけで、学校という組織からのけ者にされていたが、それは自分だけではないはずである。他にも同じ思いをしている人がいるのではないか。本当に、この社会は、全ての人に開かれているだろうか。

学校という、誰にでも開かれているかのように見えるドアが僕の目の前で閉ざされ、暗闇の中で生きてきた。そんな僕の瞳に、光が残っているのか。それならば自分で世の中を変えればいいのかもしれない。

「そうだ、政治家になろう！」

ＪＲ東海のＣＭの音楽が頭の中で鳴り始めた。単純であるのが僕の強みである。

政治家になるにはどうすればいいのかと思い、関連本を書店で立ち読みしたり、弘兼憲史氏の傑作政治漫画『加治隆介の議』などを読んで士気を高めたりした。日本における公職選挙で必要とされる三つの要素は「三バン」と言われる。「三バン」とは、「ジバン（地盤）、カンバン（看板）、カバン（鞄）」だ。世襲政治家は票のジバンがあるし、お金持ちはカバンがあるが、僕は下町にある居酒屋の倅だ。そんな自分に作れるのは、「カンバン（知名度）」しかないと思った。そして地元のゲームセンターで『ストリートファイターII』のブランカを使い、「ゲランカさん」という異名を持っていた僕は、格闘ゲームで終わらず実際に格闘技の道へ進んだ。運良く格闘技ブームが始まり、知名度も上がっていった。

　僕はいわゆる「ロスジェネ世代」だが、幸運にも格闘技ブームに乗り、メイウェザーの足元にも及ばないが、格闘家としてそこそこ稼がせていただいた。しかし、周囲の友達の多くは非正規雇用という不安定な身分で給料の安い立場にあった。とはいっても二十代はなんでもやれる可能性が多くあったし、悲観的になっている仲間は少なかった。むしろ正規雇用で大企業勤めの友達の方が高給取りの分ストレスが多く苦しそうであった。

しかし、僕らの世代が三十代、四十代と年を重ねるにつれて非正規、正規雇用関係なく友人たちの生活が厳しくなっていった。

一生懸命に働いている人たちが幸せになれない、それは政治が間違っているからだろう。最初は何の政策が間違っているのかとか、具体的なことはわからなかったが、みんながお金に困っているのに消費税が上がり、就職氷河期だと言われている中で労働者派遣法が改正されて、働く人たちはこうした一連の流れで何かがおかしいということに気づき始めた。

僕は今までいくつか書籍を出しているが、この本は政治家としては初めてのものだ。今まで永田町で経験してきたこと、そして今、我が国がやらなければいけないと僕が考えている政策などをまとめてみた。

「WE ARE ALL ONE」をモットーにしている僕は、みんなで幸せにならないと本当の意味で誰も幸せになれないと思っている。日本社会の閉塞感。バブル崩壊後、上がらない賃金。重たくのしかかり続ける税負担。「闇」に直面した今こそが「光」を生み出す時だ。

僕を闇から救い出してくれた、今でも誰だかわからない女性警察官がくれた言葉を信じて。

自分が変われば世界が変わる

きげん

目次

当選までの道のり

二十八歳の頃、試合後に突然「政治家になります」と言って引退した。前振りがなかったせいか、多くの人に「パンチドランカーになったのか」という表情をされた。年齢的にまだまだ現役でいられたし、格闘家としてそれなりの地位があったからだろう。

引退してから、「政治家になる」という漠然とした思いを具体化するための準備として、拓殖大学大学院地方政治行政研究科へ入学した。政治家になると言って格闘家をやめたことと、僕のゼミの先生が産経新聞の政治部長で保守の論客として知られた花岡信昭先生であったこともあり、参議院選挙がある三年おきに自民党から「出馬しないか」と声をかけていただいた。僕と同じレスリング出身である馳浩石川県知事（当時衆議院議員）からも同じようにお声がけいただいた。

まだ二十代の若造の僕は「自民党に入ったとしても政治は変わりません」と生意気に理想主義を貫き、タイミングを探っていた（そんな失礼なことを言ったにもかかわらず、馳先生は「格闘技振興議員連盟」を立ち上げる際に会長を引き受けてくださった。議員連盟については一三二ページで詳述する）。

そのタイミングを探っている間に、WORLD ORDER（パフォーマンスユニット）を作り、音楽とパフォーマンスで政治的メッセージを発していこうと思った。それが運良く世界的人気を得た（きっかけはマイクロソフトのワールドカンファレンスでのパフォーマンスだったが、NEW WORLD ORDERのメンバーと言われるビル・ゲイツの会社がきっかけというのは皮肉である）。

国内をはじめ、アメリカ、メキシコ、フランス、イギリス、ドイツ、韓国、中国、台湾、タイ、インド、フィリピンなど、世界で活動を続けていたが、いつどうやって政治家になるかを考え続けていた。タレント枠で出馬するなら比例区しかない。でも、どの党で出るべきかを考えあぐねていた。

　そんな折、立憲民主党が立ち上がり、「このタイミングだ」と思った。多くのタレント候補は、政党から声がかかるというが、僕はチャンスを求めて自ら伝手を探り始め、僕と書道が同門であった海江田万里衆議院議員にご相談させてもらった。

　そして、「ミスター年金」こと長妻昭衆議院議員を紹介していただき、衆議院選挙に出馬したいと伝えたところ、「党が立ち上がったばかりで選挙まで時間も人員も足りない。次の参議院選挙まで待った方がいい」と言われた。結果、衆議院選挙で立憲民主党はリベラルの受け皿として議席を得て、比例名簿に名前を載せていた人たちの多くが当選した。

　僕も出馬していたら当選していた可能性はあったかもしれないが、その時に当選した比例の立憲民主党の議員たちが前回の衆院選（二〇二一年）でそこそこ落選していたことを考えれば、僕が今、政治家でいられた保証はない。

この後の参議院選挙への出馬は、タイミングとしては非常に良かった。そう、政治家になって思うのは「政治家になるには運とタイミングが重要だ」ということだ。運が五割、いや八割だと言う人すらいる。

なぜかというと、主に国政では、どうしても政治家になりたい人がなれず、全くなるつもりがなかった人が政治家になってしまうことがあるからだ。

僕が当選した直後に、同期の横沢高徳《よこさわたかのり》参議院議員（当時、国民民主党）と梅村みずほ参議院議員（日本維新の会）と一緒に超党派で同期会を作った。その時、二人が政治家になったきっかけを聞いたのだが、まさにそのことを感じた。

横沢さんは二〇一八年の十二月二十九日に達増《たつそ》拓也岩手県知事のところへ挨拶に行ったところ、「次の参議院選挙に出ないか」といきなりオファーされたという。「答えはいつまでですか」と聞いたら年内に決めてくれと言われたそうだ。年内って言われても二日しかない。考える暇もなかったのが良かったのか、スキーの元パラリンピアンの横沢さんはスピード勝負で大晦日に返事をして政治家の道に進む。

梅村さんの場合は選挙公示日が七月四日にもかかわらず、日本維新の会から公認をもらったのが六月十六日。二週間ほどしかない。しかも、大阪に住んでいなかったにもかかわらず大阪府選出である。ご存じの通り、日本維新の会は今のところ、大阪では無敵である。梅村さんは「党が公認選定に時間がかかってギリギリになったと思う」と言っていた。しかし、知り合いの記者によると、当時、日本維新の会では、お家騒動で周りが応援をボイコットしたため、参議院選挙の候補者が誰もいなかったという。そんなことが起きるなんて信じられないが、ベンチャーの維新ぽいといえば納得だ（失礼）。

そこで梅村さんに白羽の矢が立ち、数週間という短い選挙戦に挑み、なんとトップ当選した。本人の実力もあるだろうが、何年も浪人しても（政治家になるため活動していても）当選できない人もいることを考えれば、運とタイミングが大事だということはほとんどの議員も感じているはずだ。

長妻さんに相談してから二年後、参議院選挙がやってきた。立ち上がったばかりの頃の立憲民主党に比べれば勢いは少し落ちたものの、党スタッフの方からこう言われた。

「うち（立憲民主党）は比例で十一は取ると思うから絶対受かるよ」

比例区で出馬が決まった僕は、党スタッフの言葉を鵜呑みにして電話をかけたり、ハガキを送るなどの公職選挙法で認められている選挙活動は自分からは一切しなかった。そして、「これを機に日本一周選挙ツアーをしよう！」と友人たちと全国を旅することにした。

今思えば本当にアホだった。

格闘技でも絶対に勝てる試合などない。

慢心すると足を掬《すく》われるのだ。

党のスタッフが言った「絶対受かる」を責めるわけでなく、その言葉を鵜呑みにした僕が浅はかであり、後から厳しい戦いになるのだった。

選挙に先立ち、立憲民主党から選挙に詳しい人たちと有田芳生《よしふ》参議院議員（当時）がサポートしてくれた。特に有田さんはドライバーを紹介してくれたり、秘書を派遣してくれたりして、右も左もわからない僕を支えてくれて本当に助かった。サポートしてくれた人たちがいなければ当選できたかわからないし、何よりいい空気で選挙を戦えた。悪い空気のチームだったら、力は発揮できなかっただろう。

そういえば福田昭夫衆議院議員の選挙応援に行った時、「選挙というのは始まる前にある程度勝負はついている。そういう戦いにしなければいけないんだよ」と教えてくれた。チーム作りは大切である。

日本一周選挙ツアー初日。選挙カーにラッピングを終え、荷物をまとめ、仲間と集まった。その一人、「飲み屋のトイレで潰れていたところを助けてからの仲」である脚本家の友人フッキー（吹原幸太）が一緒に旅をしてくれることになった（残念ながらフッキーはコロナ禍に脳幹出血で他界してしまい、会うのはこの旅が最後になってしまった）。

「面白いことを言えるとモテるんです。だから、どうしたら人は面白いと思うのか考えなければいけないんですよ。僕は中学・高校と男子校だったので、そもそも女子との出会いがなかったんで、そこに関して変化はなかったんですが、喋りが磨かれたことで友達は増えました」と、車に乗るとフッキーが突然語り出した。

「友達増やしてどうするの」と僕。

「友達を増やすということは、支援者を増やすということ。政治でも同じことが言えると思うんですよ」

「じゃ、笑いを取れるようになったらいいのかな。政治の世界に必要かね」

「政治だからこそ、笑いが必要なんです。あっ、言ってませんでしたが、自分、自民党支持なんですよ。ゲンサンだから応援しますけど」

「笑えないよー」

「そうなんでしゅね。僕の父親はH市議会の自民党議員で、じいちゃんも自民党の県議でした」と同じく日本一周選挙ツアーに参加した後輩キヤマが会話に入ってきた。

「やっぱ、自民になっちゃうんすよねー」と二人で盛り上がる。

やれやれ。なぜか立憲民主党の選挙カーに自民党の支持者を乗せて出発。

こうして僕の選挙戦が始まった。

はじめは東北方面へ向かい、最終的に北海道から沖縄まで回った。サイコロで行き先を決めて、『水曜どうでしょう』的なノリで選挙活動を行ったりして、ほとんど旅行に近かった。

全てが無駄というわけではなかったが、相当な時間を無駄にしたと思う。なぜなら、ほとんど車移動であったために街頭演説などはやらず、主にチラシだけを配っていただけだったからだ。

サイコロで「新潟県・佐渡島」が出た時は、行ったことがなかったのでワクワクした。しかし、夏ということもあり、島の人はほとんど歩いていなくて、チラシも配れなかった。とりあえず国道に立って、走ってくる車に向かって手を振っていると、「トキでしゅ」と後輩キヤマが叫んだ。

「いや、あれはサギだよ」と僕。

「トキじゃないんですか」

「サギとトキはキャバクラとガールズバーくらい違うんだ」

「たとえがわからないんですが」

「サギは足が長いから見えるけど、トキの足は短くて見えない。キャバクラは席についてくれるけど、ガールズバーはカウンター越しでしか話せないから下半身見れないだろ」

「なるほど。さすが元気しゃんです」

「なんでも聞いてくれ」

「元気しゃん、この活動はどれくらい票に繋がっているんでしゅかね」

「…………」

本来ならば楽しい時間を過ごすものではないはずなのに楽しんでいた僕は、一旦休憩で東京に戻り、両親とご飯を食べた。

「お前、選挙中にそんなのんびりしていていいのかよ」と親父が言う。

「大丈夫だよ。絶対受かるから」と僕が言うと親父が怒った。

「おい元気、二度とその言葉を口にするな」

自分で言うのもアレだが、勘のいい僕はその一言で目覚めた。

勝負事に絶対はないし、今のメンタルだと試合に負けるのがわかるからだ。

ギャンブル好きの僕の父親は決して頭がいいタイプではないが、物事の本質を見抜く力がある。

「お前、どんな時も驕るなって言ってるだろ。そんなこと言ってたら落ちるぞ」

親父の「落ちる」という言葉にリアリティを感じた。

時すでに遅しかもしれないが、投票まで四日ほど残っていた。その日から心を入れ替え、口角を常に上げているミッキーマウスのように笑顔全開元気いっぱいで必死に活動した。

当たり前だが、僕がやる気を出してからみんなの動きも変わった気がする。

自分自身の甘さを反省し、一生懸命手伝ってくれる仲間とスタッフの努力を無駄にするわけにはいかないと感じた。それに、「政治家になって世の中を良くする」と志した高校時代のあの日から始まった二十年余りの日々も無駄にしたくなかった。格闘家としてリングで戦ったことも、WORLD ORDERでパフォーマンスをしてきたことも、政治家になるためのはずだ。テレビ朝日が使うサッカー日本代表のキャッチフレーズ「絶対に負けられない戦いが、そこにはある」という言葉にぴったりの心境だった。

開票当日。午後にスタッフから連絡が来て、僕が受かるか受からないかギリギリのところだと言われた。焦ってはいたものの、正直、何とか受かるだろうと思っていたので、その報告に現実の厳しさを感じた。

「結果が出たら会見があるので、ホテルの部屋でスタンバイしておいてください」と言われていたので、ホテルの部屋の中でスマホとテレビとにらめっこし続けた。そしてようやく、深夜三時くらいにスタッフから電話がかかってきた。

「当確出ましたよ」

寝落ちしていた僕は、まるで子供の頃、旅行先のホテルで朝起きた時のように、自分がどこにいるのか一瞬把握できなかった。

「トウカク？」

「受かりました。当確です」

「トウカクデスカ」

寝ぼけていたせいか日本語をカタコトで話す外国人力士のようだった。

「すぐに事務所に来てください。マスコミの方も待機してますので」

「ワカリマシタ。アリガトネ」

電話を切ってスマホで自分が受かったのを確認すると、『あしたのジョー』最終巻の名シーンと僕は同じ姿になった。

「ウ、ウカッタ……」

真っ白に燃え尽きた自分がいた。

立憲民主党の比例は十一枠取れると聞いていたものが結果八枠。僕以外のタレント候補は全滅した。後日、「ビリで何とか当選しました。ありがとうございます」と僕を応援してくれた人たちに感謝の気持ちを伝えると、「議員バッジに金メダルも銀メダルもないですよ。おめでとうございます」と誰かが言ってくれたのを覚えている。

とにかく運が良かった。

こうして僕の政治家人生が始まった。

議員バッジ

当選すると、当選証書と議員バッジを授与される。

昔から「何かを買うとその場で袋から出す」タイプのせっかちな僕は、総務省の廊下で早速バッジをつけようとしたが、不慣れなせいでうまくつけられず秘書につけてもらった。その姿はまるで初めて名札をつけた小学生のようだった。

国会議員の象徴でもある議員バッジの歴史は古く、衆議院、貴族院（参議院）共に一八九〇年の第一回帝国議会で導入されたという。バッジは「通行証」としての役割があり、つけていれば各省庁を自由に出入りできる。

二〇二二年に偽の国会議員バッジを着用した二十代の男が外務省や警視庁

などに侵入する事件があった。このニュースがあってから「通行証さえあればバッジは必要はないのではないか」「議員のことを『先生』と呼ぶのをやめよう」など特権意識を問題視して改革しようという声もあるが、僕はどちらかといえば反対である。

　正直いうと、政治家一人一人の顔と名前を覚えるのは無理だからだ。

　バッジをつけている人を「先生」と呼んでおけば、名前を忘れたことをごまかせる。

　バッジをつけなければ、ただのおっさん（失礼）になる人がいるし、秘書でも議員より貫禄がある人がいるので見分けがつかなくなる。

　永田町で十年以上働いていれば別だが、僕以外にも、バッジをつけていることにより「この人は議員なんだ」と認識している人は多いと思う。そして「先生」をやめると名前で呼ばなければいけなくなる難しさがある。よく見かける議員でもたまに名前が出てこなくなることがあるが、そういう時でも「そういえば先日、視察で『先生』の地元に行きまして……」などと言えばスムーズにいく。

それなりの合理性があるからこの文化が続いているのではないだろうか。

バッジといえば一度大変な思いをしたことがある。

本会議場での議員バッジは特別なものであり、バッジをつけていないとどんなに交渉しても中に入れない。総理大臣でも入れないという。参議院では予鈴が五分前（衆議院は十分前）に鳴り、議場の扉が開き中に入り、議席に着いた議員は氏名標を立てる。

各会派は本会議の前に議員総会があり、本会議場の横の部屋でミーティングをしてから出席するが、僕は無所属なのでこの予鈴が鳴る直前くらいで本会議場に向かう。僕の部屋（議員会館）から本会議場までドアトゥドアで三分三十秒くらいだろうか。いつも通り本会議場へ向かい中に入ろうとすると、

「先生、バッジがついておりません」と警備の人に止められた。

「やばい。つけてくるの忘れた」僕は冷や汗をかいた。これまで数回、つけ

るの忘れたことがあったが、秘書のミコガイくん（一〇八kg）に電話して「予備バッジ」を走って持ってきてもらい、ギリギリ間に合った。そして今回も同じように電話した。

「バッジ忘れた。ダッシュでよろしく」

「今、僕、う〇ちしてまして」

ミコガイくん、まさかのトイレ休憩。

「早く出して」

「うー。わかりました」

時計を見るとあと一分。どうやら間に合わなそうだ。ちょうどその日、冒頭で「採決」があったので決して遅刻するわけにはいかなかった。

ここはもう一度トライしようと思い、別の扉からさりげなく入ろうとしたが、「先生、バッジが」と止められた。

その瞬間、「ジリジリジリジリ」と本鈴が鳴った。僕は何とか議員であることを証明しようと、「僕です。僕です。僕なんです」と「僕」を連呼。

「須藤先生、わかりますがルールですので」と入れてくれなかった。

本会議場では議長が話し出したのが聞こえた。中に入れなくて気まずくなった僕は、皇族スマイルを真似てお手振りしながら、警備の人に挨拶した。

そして、ミコガイくんが息を切らしながら三分後に到着。

「バッジ持ってきましたー。はぁはぁ」

「遅いよー」

「肛門が言うこと聞いてくれなくてですね」

走ってきたミコガイくんの額に汗が滲んでいた。バッジを受け取ると、僕は急いで本会議場の中に入った。席は一番前の真ん中なので辿り着くまで俯きながら進んだが、みんなの冷たい視線を感じた。

永田町は時間厳守の世界なのである。

過去は下書
未来はキャンバス
今は描くとき、

初登院は孫子『三十六計』で

サイコロで全国を巡り、楽しく選挙戦を過ごしたのちに地獄を見かけた僕の初登院日がやってきた。国会議事堂の正門（中央門）が開くのは「特別な日」に限られる。開会式に天皇陛下をお迎えする時、国賓かそれに準じる外国の要人を迎える時、そしてこの日のように衆参両院の選挙後に開かれる国会の召集時だ。

正門は午前八時に開かれるが、開門一番乗りを目指す議員たちがいる。なぜならニュースに取り上げられるからだ。過去の「一番乗り」記録は二〇二一年、第四十九回衆議院議員総選挙後の阿部司議員と聞いた。

阿部議員は過去に午前一時に初登院した議員がいると知り、確実に一番になれるよう午前零時からスーツ姿で正門に立って待っていたという。開門するまでの八時間、何を思い待機していたのか気になるところだ。

そして、僕の初登院の時の一番乗りは、朝の五時半に一緒に登院しようと約束していた音喜多駿議員と柳ヶ瀬裕文議員の二人だった。音喜多さんのアクティブな活動を見ると一番乗りするキャラなのはわかる（実際は、柳ヶ瀬さんが抜け駆けして、五時に来ていたらしいが（笑））。

僕は逆に、メディア対策のためゆったりと午前九時過ぎくらいに登院した。だいたい初登院日には、国会議事堂前に一〇〇名以上の報道陣が集まり、議員らにインタビューのカメラが回り、僕みたいなタレント議員は特に注目される。

元々タレント候補（プロレス界でいえばアントニオ猪木氏、大仁田厚氏）は人気商売から出てきた人たちなので票も取りやすかったが、二〇一六年、元ＳＰＥＥＤの今井絵理子参議院議員が出馬したあたりからタレント候補に対する風あたりは厳しくなっていた。二〇一九年の参議院選挙を振り返ると、僕は何とか当選したものの、他のタレント候補はみんな落選してしまうくらい世間は厳しくなった。この参議院選挙で当選したタレント候補は僕しかいなかったこともあり、初登院での失言を狙うには格好のカモだ。

二十歳くらいからテレビに出る仕事をしていた僕は、大したネタではないことがほとんどだったが、これまでに二桁は週刊誌にすっぱ抜かれてきた。初登院でも、僕の失言が狙われている可能性は高いと踏んでいた。

この時僕は、「三十六計逃げるに如《し》かず」の戦略を取ることにした。

格闘家の時も負けそうなリスクがある場合は無理せず逃げに徹して、勝てるチャンスを窺っていた。実は僕のK−1のデビュー戦は、「打撃」を習い始めてからたった三カ月後の試合である。元々レスリング出身でその後、ブラジリアン柔術を習った僕は、基本的にはグラップラー（組み技系）である。

なぜそんな僕が打撃の試合に出たかというと、初めて僕の階級（七〇kg級）がTBSでテレビ放送されると聞いたからだ。何とかして名をあげなければと思っていた僕は、「打撃」の試合だろうが民放に出なければいけないと思っていた。

すでにそこそこ知名度があったので出場権は得たが、同じ格闘技と言っても「組み技」と「打撃」は「バドミントン」と「テニス」くらい違う。そこで、「正面から戦わず逃げる」を基本戦略にした。攻撃をくらいそうなリスクがある時は無理をせずに逃げ、相手が痺れを切らして突っ込んできた時にクルッと回転してバックブローを放った。余裕なんて一ミリもなかったがよく当たるようになり、その後「バックブロー」が僕の代名詞になった（自分では「苦し紛れのバックブロー」と呼んでいた）。

こういう経験も踏まえて、初登院というデビュー戦で派手に自分から勝とうとするのではなく安全策を取ることにした。門の前に行くと待機していた記者に囲まれたが、言葉を選びながら答え、早めに切り上げ門の中に入った。国会議事堂の入り口にある議員出席ボタン前でも大勢のカメラマンが待機しており、「須藤元気」と書かれたボタンを押すポーズをして撮影を終え自室に入った。

何とか『スーパーマリオブラザーズ』のステージをクリアした気分になった僕は、無事に部屋の中に入った。すると、会ったことのない企業や組織が贈ってくれた胡蝶蘭の気高く白い花びらで部屋中が埋め尽くされているのに気づいた。それは映画『華麗なるギャツビー』のワンシーンのようだった。

僕の事務所はジム所

当選すると、国会議事堂の裏にある議員会館に部屋を割り当てられる。参議院議員会館は地下三階、衆議院第一議員会館は地下五階、第二議員会館は地下四階まであり、議員会館の中には部屋以外にも、コンビニ、美容室、理容室、マッサージ店、食堂、生花店、写真館、喫茶店などが入っている。

議員の部屋の中には、「スタッフの働く部屋」と「応接間」と「議員の部屋」がある。

最初は殺風景だった「議員の部屋」に、ストレッチができるようにトレーニングマットを敷き詰めた。そして軽く動けるようにと思い、簡易式トランポリンを置き、家にあったダンベル、ベンチプレス、チンニング（懸垂）できるラックなどを持ってきて並べてしまった。

そう、「事務」をするところというよりは「ジム」に近い。

政治は腕力。

いつでも戦えるように鍛えることは大切である。今は亡きアントニオ猪木参議院議員がいなくなった国会で、パワー系ポジションを取るのは政界のターミネーター馬淵澄夫衆議院議員か自分しかいない。そう思い、脳みそともに身体をパンプアップさせたい時は部屋で筋トレだ。

実は、部屋にトレーニング器具を置かなくても、議員会館（衆議院第二議員会館）には「国会健康センター」というトレーニンググルームがあり、議員や秘書、会館職員が利用できるのを知ったので、部屋の器具は片付けた。そこにはフリーウエイトは少ないがそれなりにマシーンは揃っており、大臣とかもたまにいて、ちょっとした社交場みたいになっている。

正直いうと、新参者だった僕が国会健康センターに行くと、優しく挨拶してくれる議員もいれば、挨拶してもあからさまに無視する議員もいた。

トレーニングルームにはサンドバッグが一つ吊るしてある。

ある日、何も意図せずにサンドバッグを蹴っていたら、僕を無視していた議員が「蹴り、すごいですね」と話しかけてきた。

もしかしたらと思い、僕を警戒している他の先生の前でサンドバッグを蹴ってみたら、なんと声をかけてくれた（食事にまで誘ってくれた）。サンドバッグがあれば仲良くなる法則に気づいた僕は、本会議場にも置いてもらえるように議員運営委員会に働きかけている（ウソです）。

そうこうしているうちに、何人かの議員たちが「トレーニングを教えて」と言ってきて一緒に筋トレをするようになり、いつのまにか「元気倶楽部」なるトレーニングクラブができて、週一で国会健康センターで行っている。

一番出席率がいいのは羽田次郎参議院議員である。父親が羽田孜《つとむ》元総理であり、兄が元参議院議員の羽田雄一郎さんであった。雄一郎さんには良くしていただいたのでコロナでお亡くなりになったのは残念だ。次郎さんは会社経営をしておられたので政治家になるつもりはなかったそうだが、弔い合戦として補選に出馬して勝利した。これもまた運命である。

次郎さんの地元、長野県上田市へ一緒に視察で回ったことがあるが、上田城を歩いていると「これ俺のじいちゃん」と次郎さんがおもむろに言った。自分の親族が銅像になっている人を初めて見た。そんなサラブレッドにもかかわらず、トレーニングをする時はいつも「デブは仮の姿」というTシャツを着て、汗をかくと「豚汁が飛んですみませんね」と自虐ギャグも言える永田町では稀な方だ。そんな次郎さんは僕のマブダチである。

政治家の仕事

なんでも事始めは緊張するものだ。

働いたことがないというわけではないが、国会議員のお仕事というのは、僕の知っている仕事とはかなり違った。それまで「お仕事ですよ」と言われると、リングの上で戦ったり、カメラの前で芝居をしたり、舞台の上で踊ったり、魚を捌いたりであった。スーツを着ること自体はWORLD ORDERのユニフォームだったので違和感はなかったが、それを着てオフィスに行くのが不思議だった。多くの人にとっては、当たり前なんだけどね。

政治家って何をしているのか意外と知られていない。

実際の国会議員の仕事は何かというと、「法律を作る」こと。

なぜそうなるのかというと、「三権分立」という高校で習った政治の仕組みから来ている。裁判所が司法権を持ち、国会が立法権を持ち、内閣が行政権を持っている。

三権分立を格闘技にたとえると次のようになる。

司法（審判）：レフェリーが試合の進行を監視し、選手のルール違反を取り締まる。公正な判断が求められ、違反があれば失格や減点を科す。新しいルール（法律）が憲法に従っているか審査する役割もある。

立法（大会組織委員会）：各団体の格闘技のルールを設定し、運営を監督する委員会。選手が安全に戦うことができ観客が楽しめるように新しいルールを導入したり、競技の発展を促進するために方針を決定する。

行政（運営委員会）：司法、立法以外の仕事。組織や団体が試合を適切に運営できるように指導・監督する委員会。

こんな感じでバランスを取っている。

要するに、審判が公正な試合進行を確保し、大会組織委員会が格闘技の枠組みを提供し、運営委員会が監督する試合で選手が力を競い合う構図である。この中のどれか一つが暴走して観客に迷惑をかけることがないようにお互いが口を出せるようになっているのだ。

政治の世界だけでなく、格闘技においても三権分立を目の当たりにしてきた。一番思い出に残っているのは二〇〇五年の大晦日に行われたヒース・ヒーリングVS中尾芳広の試合で起きた「キッス事件」だろう。

両選手が試合前、リング中央でフェイスオフしてにらみ合っていた。すると、にらみ合いで間が持たなくなったのか、中尾選手がヒーリング選手に突然キッス（唇に！）をしたのだ。ヒーリング選手がホンの一瞬「え、どういうこと？」という顔をしてから素に戻り（約〇・七秒）、中尾選手の顎に右フックをお見舞いした。

突然殴られた中尾選手は、そのまま倒れて失神した。

ゴングがなる前にだ。

意識が飛んで立ち上がれない中尾選手は担架で運ばれ、ヒーリング選手の反則負けとコールされたが、納得のいかないヒーリング選手は興奮して、

「アイム　ノット　ゲイ（俺はゲイじゃねぇ）！」と怒りながら抗議した。

僕はこの日、メインイベントのタイトルマッチに出場することになっていたので控室にあるモニターで見ていたが、このありえない展開によって異様な空気が会場内に流れているのがわかった。

後日、審判団の協議の結果、この試合は「中尾選手にも非がある」として無効試合になり、格闘界の司法判断のような形で終わった。

当初、僕は、「中尾さんは株を下げて恥ずかしいだろうな」と思ったが、その後の展開は素晴らしかった。そのまま、中尾選手は病院のベッドで年越しを迎えることになり、病院で見た初夢は「ヒーリング選手にキッスをした

夢だった」とインタビューで答えた。

さらに、リングネームを「中尾〝ＫＩＳＳ〟芳広」に改名。

自分のやってしまったミスを受け入れてネタにする中尾選手から僕は大切なことを学んだ。

そう、自分の黒歴史でさえ受け入れることができれば魅力的になれるのだと。


話は戻るが、内閣というのは、首相と大臣らが行政を動かせるグループになるので、僕ら国会議員は首相たちが勝手なことをしないように見張っている。

なので、時々、野党が「内閣不信任決議案」を出すが、そうなった時に総理が解散を決めて「ばんざーい。ばんざーい」と言って選挙に入るというのをテレビで見たことがあると思う。

内閣の暴走を止めるのが国会議員の仕事の一つ。そして、各党で法案を作って、どの法律にするのがいいか審議するのが立法府たる国会に属する僕らの基本的な仕事になっている。

一応仕組みとしての議員立法は存在するが、なかなかこれが難しい。与党でもお偉いさん三役の承諾がないと議員立法まで漕ぎつけないらしく、そこに辿り着いても全会一致でないと議員立法の場合は成立しない。

じゃあ、普段、通過する法案はどういうコースを辿るのかというと、「内閣立法」で、内閣府から出てくるものばかりだというのが現実だ。だから、僕らみたいな野党の国会議員は、与党がつかさどる内閣が出してきた法案でいいのかどうか審議するわけだ。

世の中では、僕らみたいな野党は、「なんでも反対野党」と野次られているが、実は「与党の案に反対する」のも重要な仕事なのだ。

そうやってできあがった法律が憲法に違反していないかという審議を最終的にするのが、司法権を持つ裁判所の仕事。

僕らは、このようにして政治家としての仕事をしている。

政治家の特権

国会議員は何か特権があると思われている。

よく知られているのは、紀尾井町にある参議院の議員宿舎なら３ＬＤＫ（八一平方メートル）で一五万八〇〇六円、赤坂にある衆議院の議員宿舎なら３ＬＤＫ（八二平方メートル）で一二万四六五二円と相場の半額以下で借りられたり、ＪＲのフリーパス（グリーン車）が使えたりすることだろう。

なぜこうした特権をもらえるかというと「金帰《きんき》火来《からい》」と呼ばれるものがあるからだ。

これは国会議員が、金曜の夜に地元の選挙区に帰り、週末に政治活動をして火曜に国会に来ることをいう。もちろん議員によってスケジュールは違うが、下手をすると一日に地元と国会を二往復する強者もいる。よく考えてみればわかると思うが、新幹線で東京と地元（仮に大阪）を二回往復（約十時間）するなんて、それだけで体力を奪われる。

このように頻繁に移動しなければならないので、パスや宿舎は必要だと思う（ちなみに僕は宿舎を使っていない）。

では北海道や沖縄までの飛行機を使う議員の場合はどうかというと、月四回の飛行機往復券か、ＪＲ無料パス（特殊乗車券）と月三回の飛行機往復券のどちらかを選べる。僕はＪＲ無料パスだけもらっている。使い回しができないように自動改札機は使えず、駅員さんに直接見せなければいけないが、ありがたいものだ。

また、飛行機ではＶＩＰラウンジが使える。

羽田空港でいえば、ＪＡＬとＡＮＡのＶＩＰ専用の車寄せがあり、そこのラウンジで直接チェックインできる。時間になると直接飛行機の横までバスで送ってくれ、到着時は飛行機の横にバスが待機していてラウンジまで運んでくれるのだ。このサービスは国会議員をはじめ海外からのＶＩＰ、大企業の役員などが利用できるという。

僕は二十歳くらいから人前に出る仕事をやっていたので、ある意味特別扱いには慣れている。しかし、普通の人がそのような待遇を受け、年間約二一七三万円の給与の他、「調査研究広報滞在費」（旧文書通信交通滞在費）と「立法事務費」を合わせた年間約一九八〇万円をもらえる暮らしをしたら、なんとしてでもその立場を保持しようとするだろう。世の中を良くしたいという志はあっても、現実問題として、収入、立場、それにプラスして利権が絡めば、執着してしまうことは想像がつく。「政治家は落ちたらただの人」と言われるようにバッジを外した途端給料がゼロになる。浪人したことがある議員は僕にこう言った。

「二度としたくないですね。まずは自分のプライドがズタボロになり、支援者に申し訳ない気持ちでいっぱいになります。収入もなくなり家族とどう暮らしていくか、また出馬するか、しても勝てるかなどと考え、立ち直るのに時間がかかりました。二度としたくないです。二度と」

カンペを用意したかのように浪人経験者は同じことを言う。

ある意味、政治の世界はゼロサムゲームなのだ。

国会の舞台裏

国会議員の仕事は法律を作ること。

じゃあ、国会って、実際はどんなところなのか。

一般的な国民からしたら国会は遠い存在かもしれない。テレビでチラリと見ることはあるが、実態がどのようなものかわからないと思うのも当然だ。

僕が国会議員になってから、「これが政治なのか？」と驚いたことがいくつかある。冗談みたいだが、本当のこの国の姿を率直にシェアさせてもらう。

まず、驚いたことは「国会議員が国会で答弁する時は、ほぼ予定調和」ということ。会議の質問は基本的には最初から決まっている。国会運営をスムーズにするために事前に質問通告をして官僚とすり合わせをしなければいけない。本番で政府は何を聞かれるのかを最初からわかっているので、準備していた答弁で回答している。

国会中継を見るとわかると思うが、議員はほぼ資料みたいなものを手に持っている。あれが、舞台でいうところの台本のようなものだ。国会は基本的には質問主意書と答弁書があって、議員の質問も大臣の回答も事前に用意しているので、実は開催しなくても、質問も回答もすでに出ている。

議会での激しい論戦は、格闘技と同じで技を磨かないといけないと構えていたら、台本ありの舞台であった。とは言いながらも、当選したばかりの頃は官僚が何を話しているかわからないうえに（今もよくわからない時が多々ある）国会の右も左もわからなかったので、台本があるのは助かった。

よく「国会議員が寝ている」と叩かれるが、予定調和が原因の一つである。台本なしで自らの言葉で語り、抑揚をつけたり、小ネタを入れたりする議員ももちろんいるが、台本を読む議員の質疑は空気が止まり、みんなの眠気を誘う（本当に眠くなる）。

実際に本会議や委員会での審議に先立ち、大臣が法案の趣旨や説明を延々と読み上げることを「お経読み」という。実にお経のようだという理由でそれが定着したらしい。眠くなるというのも想像がつくのではないだろうか。

僕が最初に配属されたのは、経済産業委員会（委員会については一七二ページで詳述）だった。議員それぞれ、いろんな質疑のスタイルがあった。印象に残っているのが石井章参議院議員で、台本をほとんど読まずに世間話から始める独自ワールドを展開していた。そして、僕と同期の小沼巧参議院議員。同じ経済産業委員会に配属されたが、経済産業省出身の小沼さんの質疑で、「これが政治家としての標準レベルなのか」と経済も産業も知らない僕は冷や汗をかいた。そもそも、スポーツと音楽というバックグラウンドの僕が、なぜ、経済産業委員会に配属されたのか謎だった。

質疑のデビュー戦は、チンプンカンプンな状態で、内容すらはっきり覚えていない。委員会に出る前に僕は台本を作って何度も読み返して練習を重ねていたが、本番で自分の順番が回ってきた時に、頭が真っ白になった。

　そして委員長が「須藤元気くん」と指名した。

「とりあえず摑みだけは押さえなければならない」と思い、立ち上がってなぜか僕は叫んだ。

「元気ですかー！　元気があれば、何でもできる！」

　委員会では少しの沈黙の後、失笑とどよめきが起こった。

　僕のデビュー戦は、元気がなく何もできなかった。


　では、予定調和だから国会質疑には意味がないのかといえばそうではない。質問の流れの中で予想外の質問もできるからである。事前に質問通告をしていて台本があると言っても、微に入り細を穿《うが》ち全てを用意しているわけではない。議員によっては数行しか質問通告しない人もいる。野党側が与党側から本音を引き出すために繰り出される口撃に大臣（政府）は困り、予想外の質問が出てくると答えに詰まるのだ。しかも、どんなにディスり合っても、国会での発言は憲法で「免責特権」が与えられているので名誉毀損で訴えられることもない。そのため、一部の国会議員は激しい論戦を繰り広げる。後ろから省庁の役人が瞬時に大臣に耳打ちして回答している姿をテレビで見たことはないだろうか。これは、アメリカの議会などでは見られない光景で、議会の時は掛け値なしに与野党の議員がお互いぶつかり合う。しかも、ぶつかるのは与野党だけでなくて、同じ党の中でもカメラが回っていても、お構いなしに自分たちの意見をガチンコでぶつけ合うことがあるという。

　僕も一度だけアドリブで質問したことがある。その相手は小泉進次郎衆議院議員である。

　心理学には人と人とのコミュニケーションにおいて、言語情報が七％、聴覚情報が三八％、視覚情報が五五％のウエイトで影響を与えるという、メラビアンの法則なるものがある。そう、政治家において声は大事である。

　僕のマドンナであった同期の石垣のりこ参議院議員の声を初めて聞いた時、「元パーソナリティはやはり違う」と思った。クリアな声で、すごく聞きやすかったのだ。

石垣さんにインスパイアされてボイストレーニングを始めることにした。

そこで、ロールモデルを探そうといろんな男性議員の声を聞いたが小泉進次郎議員を参考にしようと思った。彼の語録は有名であるが（個人的に嫌いではない。むしろ好き）、その話し方や、声を参考にした。

そこでたまたま、環境委員会で僕が「補欠（他の議員の代わり）」で質問の場に立った時、当時環境大臣であった小泉さんに通告なしで「ボイストレーニングとかってされたことあるんでしょうか」と聞いてみた。

「ボイストレーニングはありません」

小泉さんは、白い歯を見せて優しくはにかんだ。う、政界一のさわやかなイケメンスマイル……。これは女性票が集まるはずだ。

「本当ですか？　それにしてはダンディボイスですね、進次郎さん。その声でたくさんの女性を泣かしてきたのでは……」と言いたかったが控えることにした。

委員会が終わり、写真を一緒に撮ってもらいＳＮＳに上げたが、党から削除しろと注意されて削除した。

だよね。

言論は自由、投票は不自由の謎

もう一つ驚いたのは、「党議拘束」である。

「政治家として立派なことを言っている人がたくさんいるのに、どうしてこの国は良くならないのだろう」と長年不思議に思い続けてきた人は多いと思う。自民党は増税に増税を重ねているが、自民党の議員の中にも、消費税減税とか弱者救済とか立派なことを言っている人はたくさんいる（実際自民党内の積極財政の議連は一〇〇名を超えていると聞いた）。ところが、いざ法案審議で決議投票を行うと、テレビやネットでは反対を唱えていた議員たちが、ほぼ全員賛成票を投じる。テレビやYouTubeであんなに悪法反対と熱弁を振るってきた先生方が、肝心かなめの法案審議で逆の票を入れるのだ。

これは、なかなかのカルチャーショックだった。

政治家の言っていることとやっていることが真逆なのは当たり前のことなのかもしれないが、あれだけ「反対だー!」と唱えてきた人が、決議投票でシレッと賛成票を投じて平気な顔をしているのだ。愛妻家を謳う人が、愛人を囲っているという事実を知ってしまった時のような驚きを感じてしまった。

日本国民がおとなしくて文句を言わないことにも一因がある。ただし、文句を言われたら「私は反対したが『党議拘束』があって、逆らうと党から処罰を受けるから仕方ない」と居直る。格闘家時代「変幻自在のトリックスター」と呼ばれた僕でも政治家のこのトリックには馴染めなかった。実際にこの「党議拘束みたいなもの」がきっかけで僕は無所属になる。それに関しては後述する。

ビアホールにトイレがない

国会議員になって一番驚いたのは、「党内でも草案を共有せずに法案審議を通すことがある」ということだった。

法案審議を通すのに、その草案が委員会に出るまで非公開であることもあるらしい。ちょうどLGBT理解増進法案で、各党の法案の違いがニュースで報道されていた時のことだ。僕は、女性の権利保護団体から「女性の権利はどうなるのか」と相談を受けていたので、自民党の草案を読んでみようと思ったが、自民党のサイトにも議会のサイトにも掲載されていなかった。

仕方がないので知り合いの自民党の議員に問い合わせてみたら、この草案は国民に共有されていなかっただけでなく、なんと、自民党は一部の議員だけで草案を作って、党内の反対派にも見せていなかったのである。これに関しては、反対派の議員らも「自民党に入って数十年、こんなことは初めてだ」と怒っていた。自民党内で、法の草案を見せないまま議会に法案を提出するということまでやっていることに驚いた。

自分の国を民主主義国家だと思っていたが、現実は理想と異なる。

インスタで見かけた美味しそうなお店に行ったら、出てきた食事が写真とは似て非なるものであることはよくある。発信者側が大衆に見せようとするイメージとは、加工されているのが世の常だ。

条約締結の協議内容まで、国会議員に対して秘密にされることもある。

条約は交渉中で、各国の提案に対して日本からも修正案を出しているのだが、議連でそれを「開示して欲しい」と外務省に尋ねると「非公開」ですと返答があった。

僕は国会議員なのだが、「知る権利」は国民と同じレベルだとして、条約の修正案の内容を教えてもらえなかった。国家を揺るがすほどの条約を締結するのに、国民にも国会議員にもその内容を知らせないって本当に民主主義国家なのかと疑問に思う。

この条約締結は内閣の仕事で、要は首相や大臣クラスの人たちで進められるのだが、だからといって国家間の約束ごとは一度締結されると国内にも影響が及ぶ。それなのに、僕たちの国が相手国に何を求めたのかを教えてくれないのはおかしい。ダイソンの掃除機のように吸い込んだものが見えるようにしないといけない。

こんな状況で、本当に国民に主権があると言えるのだろうか。民主主義の基本は、政府情報の「トランスペアレンシー（透明性）」と「アクセシビリティ（アクセス可能性）の高さ」だと思う。

これらが、僕が国会議員になって驚いた主なことで、まるでビアホールにトイレがないかのような民主主義政治を味わっている。

昨日の自分を超えよう

極めて遺憾です
国民へ丁寧に説明します
適切に対応します
答弁は差し控えさせて頂きます
今日の国会はどうだった？
記憶にございません！

WE ARE ALL ONE
～イデオロギーを超えて

立憲民主党から出馬した時に、「左翼だったのか」と言われた。そして減税を唱えている候補者を応援に行ったら「あいつは極左だから気をつけな」とか、ワクチン問題を取り扱う議員と対談したら「あいつは極右だから相手を選んだ方がいい」と言われたこともある。

そんなにイデオロギーにこだわる必要があるだろうか。

右とか左とかの価値観以上に、もっと大事なことがあるはずだ。家族でも恋人でも、価値観が違うという理由で戦うことに意味があるだろうか。小さなこだわりを捨てて、一緒に幸せになれる道を模索すれば、みんなで幸せになれると思わないのだろうか。

どうして、多くの人が生きていて辛いとか、悩んだりするのだろう。

その悩みの多くは、イデオロギーではなくて「人間関係」か「お金にまつわること」から来ているようだ。


僕の場合でいえば、両親のおかげでお金に苦労はしなかったが、人間関係、特に女性関係で悩んだ。こう見えて高校二年生まで女の子と話すことができない“TOO SHY SHY BOY!”（by 観月ありさ）だった。中学生の頃は三年間好きだった同級生がいたが一言も話すことができず、卒業式の日に初めて会話した。その初の会話が「告白」。速攻撃沈した（泣）。高校生になったが、そのショックもありスムーズに女の子と話せずにいた。そんな僕を置いて周りの友達は彼女を作っていく。

「このままでは女の子と話すらできなければ、夢なんか何一つ叶えることもできない」

そう思い、行動力だけはある僕は毎週末クラブやストリートでナンパをすることに決めた。

当たり前だが、最初は全く声をかけることができなかった。「あの子はナンパするに値しない」「あまり可愛くないからやめよう」と声もかけられないのに一人でマウントを取り、「今日も僕のレベルに見合ういい子がいなかった。ふふふっ」と言いながら家に帰るということがしばらく続いた。

クラブに行く時は、声もかけられないシャバ僧だと思われないように「我輩はナンパをしに来たのではなく踊りに来たのだ」とばかりに、「NO MORE 映画泥棒」のＣＭに出てくるような動きで朝まで踊り続け時間を潰した（このクラブで踊っていた経験が、僕の入場パフォーマンスやWORLD ORDERの下地になった）。しかし、一年ほどするとビビりながらも声をかけられるようになり、そして三年ほど経つとナンパ中級（柔術でいえば紫帯のストライプ二本）くらいになったと思う。継続は力なりだ。

「同じ悩みを持っている子たちの力になりたい」と僕は思い、拓殖大学レスリング部の監督になってからレスリングと同じくらい、いやそれ以上に松岡修造風の勢いで学生たちに指導した。

「いいか、女の子に対して、『可愛くないから声がけやめよう』とか言ったら絶対にダメだ。それは自分がビビっている証だ。そしてナンパは数を打つことが肝だ。十回声をかければ一回は話してもらえる、二十回声をかけてようやく連絡先を聞ける。一〇〇回で〇〇〇できる可能性の子と出会えると思え。そして無視されても必ず心の中で相手に『ありがとう』と言うんだ。決して相手に嫌な気持ちを持ってはいけないし、絶対に相手に嫌な思いをさせてはいけない」

　たとえ僕がフラれたとしても、相手に嫌な思いをさせなければ、その子は「私、よくナンパされるんだよね♪」と気分良くナンパ武勇伝を語ることができる。相手に嫌な思いさえさせなければ、ナンパは相手の女性を気分良くさせ、その人は孫の代まで自分はモテたと語り継ぐだろう。

　正しいナンパは、出会った全ての人を幸せにする。

これは、僕が生きていくうえでのフィロソフィーだ。

「元気監督、声をかけるのは正直勇気がいります」

「いいか。お前らにはタマタマはあるが人生にタマタマはないんだ。道で会った女の子にはその時声をかけなければ、もう二度と会えないと思うんだ。そして勇気を出して声をかけて、うまくいって将来結婚して、お前たちの子供も有名アスリートになる可能性を感じるんだ」

「クリスティアーノ・ロナウド選手のような子を持ちたければ、日本人は避けるべきでしょうか」

「そういう話ではない」

そして、生きていくうえで、もう一つの悩みが「お金にまつわること」だ。先ほど僕はお金には困らなかったと書いたが、ナンパがうまくいったとしても割り勘でついてきてくれる子はなかなかいなかった。クラブでは、「一杯奢るからソファーに座ろう」と言わなければゆっくり話せない。気に入った子がいて一緒に話せても、「週二で日焼けサロンで焼いて、アルマーニの香水をつけていそうな金持ち風男性」がその子をＶＩＰに連れて行ってしまい、涙を呑んだ経験は多々ある。僕は部活をやっていたのでアルバイトもできずにいた。学生だった僕は一杯五〇〇円が厳しかった。

恋愛や結婚も、収入が少なければ好きな女の子の前で男としてカッコつけることもできないし、女の子だって好きな人に会いに行くのにオシャレできないと悩むはずだろう。お子さんを育てている親御さんも収入によって、塾に入れられるか悩むだろうし、年を取ると老後の心配をしなければならなくなる。大人になってからの人生の悩みごとに「お金」が関わることは多いと思う。

何が正しくて、何が間違っているのかなんてことよりも、どうやったらみんなで幸せになれるのかが大事だ。

世論は右と左で割れている。でも、左右が分断されていると言っても、元々一つのものを二つに割ったら、右と左に割れるのは当然だし、その割った片方だけ取り出してもう一度半分にしたら、また右と左に割れていく。そうやって、延々と割り続けていけば、分断が続いて、欠片《かけら》は小さくなっていく。この国にいる人たちを左右に割り続けていけば、分断がひどくなって日本は弱くなっていく。

　そんなことに何か意味があるだろうか。

　今の僕たちが議論すべきことはイデオロギーだろうか。違うと思う。今の日本人は長年の低成長の末に賃金が上がらず、年収三〇〇万円以下の層が厚くなって、結婚のことを考えることすら難しくなってしまった。イデオロギーで喧嘩なんて、生活が豊かになってからでいいではないか。でも、仮に年収三〇〇万円の人たちが五〇〇万円になって将来の不安が小さくなったら、価値観でいがみ合うよりも、恋をしたり、遊びに行ったり、素直に人生を楽しむことに時間を使うのではないだろうか？

　本当に良い国というのは、国民が政治を気にしなくていい。気にしなくても楽しいからだ。

投票率や支持率が低いのは、若者が政治に無関心だからではない。投票することに意味を感じられなくなったからだ。

若いからといって「バカ」だと思うのは政治家の傲慢である。誰に投票してもこの国が変わらないことなんて、若くても、みんな知っている。変わらないから投票に行くだけ無駄だということもみんなわかっている。だから、投票にも行きたくないし、どこの党も支持しない。ネット上で政治の不満を投稿して、軽く憂さ晴らしをして自分を慰めるしかない。

この閉塞感を、誰かが打破しない限り、みんなで幸せになれない。

イデオロギーより
国民の幸せが大事だ

「無理ゲー社会」でどう生きる？

人類二度目のミレニアムがやってきた頃、日本では「自己責任」という言葉がメディアで流行し始めた。そして、それが政治に波及するようになって、一般家庭に生まれて高い学費が払えないのも自己責任、就職に失敗して非正規雇用として低収入から抜け出せないのも自己責任、貯金ができないからちょっとした病気や事故で入院したら生活できないくらい貧乏になるのも自己責任、となってしまった。

何もかも「努力しないあなたが悪い」と刷り込まれて、「自分がいけないのだ」と自分で自分を責め続けてきた人は多いと思う。そして、そう思い込ませたのは、政治的責任を取りたくない政治家が、意図的にそういうメッセージを発してきたからだ。

景気が低迷したから、運が悪かったから、「親ガチャ」で恵まれなかったから、結婚できなかったから、だから、自分はお金で苦労をしている。全て「生まれてくるタイミングが悪かった」とか、「自分は運が悪い」とか思っていないか。

それは違う。

日本はたくさんの政治的失敗を積み重ねてきた。デフレ期にデフレ悪化政策を取ったり、非正規雇用を推進して国民が低収入化する仕組みを作ったり、増税に社会保障の負担増を重ねて、みんなの手元にお金が残らないよう、国民を苦しめる様々な政策を取ってきたのだ。

間違いなく、国家によって、政治家によって、みんなが手にするべき「ささやかな幸せ」、そして「未来」が奪われてきた。勤勉な人たちが真面目に一生懸命に働いているのに生活が苦しい。なんとなく「自分は運が悪い」とか「不幸」だと漠然と感じている人たちに伝えたいことがある。「不幸な人を増やしたのなら、それは政治の失敗」だということである。

なぜなら、本来、政治というものは、弱い者を助けるための役割も担わないといけない。たとえば、会社で上司がパワハラをしたなら、いじめられた部下は法的に守られないといけない。大企業が市場を独占して、中小企業いじめをしたら、法によってそれを取り締まらないといけない。怪我や病気で仕事を失った人がいたら、ある程度は政府が助けないといけない。強い者は自ずと強くなっていくものだが、弱い者はいじめられる立場になるからこそ、政府の機能が求められるのではないだろうか。

実は、この逆が行われていたのだ。

強くてお金持ちの大企業や富裕層を公権力で助けている政治が何十年も続いたから、中間層が薄くなり、年収三〇〇万円以下の人たちが約二五%から三四%と大幅に増えたのだ。

低年収の人が増えたのは、労働者派遣法改正で、多くの職業で派遣社員を使用してもいいことになり、正規社員と非正規社員の給料の差が広がったからだ。

そして、僕たちの給料は伸びていない。

経済協力開発機構（ＯＥＣＤ）のデータによると、先進7カ国中、三十年間全く給料が伸びていない日本は、「ジャパン・アズ・ナンバーワン」と言われていた時代があったが、二〇一八年には韓国に、一人当たりＧＤＰから平均年収まで抜かれている。最近では、外国人労働者からは「日本は賃金が安いから行きたくない」と敬遠され、逆に外国人旅行者からは「物価が安いから日本に遊びに行こう」と選ばれるようになった。

一年前、アメリカ人と仕事をしたが、彼女が休みの日に東京ディズニーランドに行ってきて「日本のディズニーランドはアメリカの半額で安い！」と喜んでいたことに驚いた。

なぜなら「ディズニーランドのチケットがとうとう一万円を超えた」と日本ではニュースになったからだ。アメリカでは、ピークシーズンで一七九ドル（日本円で約二万六八五〇円）だそうである。外国から来た人たちからすると、日本では全てが破格の安さに感じるらしい。銀座の有名ブランドに行列ができるようになったのは、円安でブランド物が世界で一番安い地域になっているので外国人が殺到しているためだという。

外国人からすると、日本はそういう風に見えているということだ。

その一方で、大企業はどんどんお金持ちになっている。

内部留保は過去最高の五一一兆円まで積み上がっているのに、働く人たちの給料を据え置きにしてきた。日本は生産性が低いと言われており、中小企業が槍玉に挙げられているが、その原因は中小企業だけにあるわけではない。

ホテルや飲食業などBtoC（企業対個人）ビジネスでの生産性が高く、製造業や通信業などBtoB（企業対企業）ビジネスでの生産性が低いことから見てもそれは明らかだ。

製造業や通信業で生産性が低いのは、下請け企業が「人件費や原材料が高騰してきたので値上げして欲しい」とお願いしても、なかなか受け入れてもらえないからである。

そうやって、大企業が中小企業の犠牲の上に稼いだお金を内部留保して、働いている人に還元せずにステークホルダーのために積み上げてきた。何のために積み上げているのか。景気が悪ければそれに備えて内部留保することもあるだろうが、内部留保を積み上げた方が株主から見た価値が上がるからではないだろうか。経営者たちの給料だけが高く、会社にお金が積み上がり、そこで働く人たち、下請け企業たちは安い給料で、明日の生活を不安に思うという構造になっている。

こんなことを続けていたら、僕たちに未来はない。少なくとも、ロスジェネ世代より下の世代は希望を持つことができない。

こんな政治で僕らが豊かに生きるなんて、まさしく「無理ゲー」だ。

僕たちは未来を奪われてきた。

僕ら、ロスジェネの世代だけじゃない。お年寄りも、女性たちも、僕より若い世代の人たちも。みんな奪われてきた。

一日でも早く明るい未来を描かなければいけない。

不幸な人を増やしたなら、それは政治の失敗である

離党会見の涙

二〇二〇年六月、僕はお世話になった立憲民主党に離党届を出した（最終的に受理してもらえず、その後、党が解党したが新党に合流せずに無所属になる）。

きっかけは、東京都知事選で立憲民主党が推薦していた候補ではなく、れいわ新選組の山本太郎代表（現参議院議員）を応援した一連の流れだ。山本さんは東京都で積極財政を行おうと試みていた。僕はそれを実行し、成功することができれば、霞が関も国も後に続かざるを得ないと思った。この国の燻《くすぶ》りに対して積極財政こそ現状打破できると思っていたので、誰よりも消費税廃止、積極財政を謳っていた山本太郎さんに東京都知事になってもらいたかった。

実は当時、高井崇志元衆議院議員を中心として立憲民主党の若手グループも山本さんと密に連携して結束を固めており、僕も幕末の志士気分で党に消費税減税に舵を切ってもらえるよう気合いを入れていた。なので山本さんが都知事選に立候補した時はみんなで応援するだろうと思い、一番槍でＳＮＳに「山本太郎さんを応援しています」と呟いた。早速党から削除要請が来たが、「僕は東京都民として山本さんを応援したいんです」と断った。

僕には仲間もいる、そう信じて強気でいた。

しかし、振り返ると誰もいなかった。

僕は孤立した。

これは、決してみんなが日和《ひよ》ったのではなく、僕が先走りすぎただけだ。これは僕の癖で、動き出してから物事を考える。仲間たちも党に所属しているので段階を踏まなければいけないし、ポジションをいかに取っていくかを考えればそう簡単に動けないだろう。

孤立した僕は、幹事長であった福山哲郎参議院議員に離党届を出しに行ったが受け取ってもらえなかった。今思えば、自分も福山さんと同じ立場だったら受け取らなかったかもしれない。僕はレスリング監督を十年以上続けていろんな学生を相手にしてきたが、僕みたいな学生がいると困る。そんな僕の話を福山さんや多くの議員たちが聞いてくれたり、諭してくれたりした。立憲民主党を立ち上げた枝野幸男代表には感謝していたし、党の先輩方には可愛がってもらったと思う。お世辞ではなくいい人が多かったので僕なりに悩んだ。

ＡかＢか選択しなければいけない時、どちらかを選ぶのではなく「ＡもＢも取る」というところから考えをスタートさせることは、政治家にとって大切なことだ。しかし、積極財政以外日本経済を立て直す方法はないと思っている僕にとって、幾度となく直接的にも間接的にも、「消費減税と言わないように」と、党からの指導が入ることは受け入れられなかった。政府が緊縮財政を展開している中、もし僕が党を抜けたらバタフライ効果のように少しは空気が動き、変わっていくかもしれないと思った。

今の日本は幕末の再来だ。

高杉晋作や坂本龍馬のように脱藩した人間が活躍した歴史を見れば、離党（脱藩）も選択肢のうちだと思った。

減税すれば、全ての国民が幸せになれる。

それなのに、現状では低所得の人は給料のほとんどを生活費に充てて、貯蓄に回すお金は残らない。ギリギリの生活をしている。

給料が上がらない中、物価だけが上がり続ける状態は、この国のほとんどの人の財布を直撃する。

単純に考えて、消費税がゼロになったら、給料が一割増えるのと同じだ。

減税するだけで、みんなが幸せになれる。

スーパーで夕方、生鮮食品コーナーが割り引きになるのを待つ人がたくさんいるのは、国民の生活が苦しいからだ。

消費税がゼロになったら、お金を貯蓄に回せない低所得者層にとってありがたいことだ。それだけでみんなが幸せになれるのに、どうして今の政治家はそんな簡単なことに手をつけないのかと疑問を抱く。

デフレだから給料が上がらなくても生活できるなんて言われても納得できない。デフレでモノの値段が安くなったって、社会保障の負担や税金が増え続けたら、生活は苦しいに決まっている。

離党会見を開いた時期は今のようにインフレが進行している状況ではなかったが、それでも国民の生活は厳しかった。

そして今や、ガソリン価格が上がり、電気代も上がり、そのうえ円安で輸入物価は跳ね上がったのだ。給料は変わらないのに、どうやって国民に生きていけと？

せめて、消費税減税で多くの人たちを救うべきだ。

記者会見の場で、「消費税減税くらい、言ったっていいじゃないか」と言うと、自然に涙が出てきた。カメラの前で泣いたことなんてなかったかもしれない。記者会見で泣くべきではないとわかっていたが、涙を止めることができなかった。

結局、離党届は出したものの受理されなかったので、宙ぶらりんになった。どのように離党しようかと考えていた時、野党のラスボス的存在である小沢一郎衆議院議員が相談に乗ってくれることになった。

衆議院議員会館の小沢先生の部屋に行くと秘書の方々が出迎えてくれた。「先生が来るまでお待ちください」と告げられ、一緒に付き添ってくれた岩手県選出の横沢高徳議員とともに待った。横沢さんは党は違えども一番仲良くしてくれた戦友である。しばらくすると小沢先生が部屋に入ってきた。

出されたお茶を見つめながら話をすると、また涙が出た。よくわからないが、このあたりから僕は涙もろいキャラになっていた。顔を上げて小沢先生を見ると目を瞑《つむ》っていて、一瞬寝ているのではないかと思ったが、目を開けて「今、色々動いているから離党届を出すのを　待ちなさい」と、ドラマ『VIVANT』の役所広司さんが熱演したノゴーン・ベキのように言われた。

白黒つけたい僕としては早く離党したかったが、指示に従うことにした。

その後、小沢先生は僕がやっていた西日暮里の「元気な魚屋さん」に、二回も足を運んでくれた。特に僕に説教するわけでもなく、日本酒の辛口のぬる燗を飲み続けた。

減税すれば、全ての国民が幸せになれる

離党せずに無所属

宙ぶらりんだった僕が無所属になれる出来事があった。

立憲民主党と国民民主党が合流するという話で、それぞれの党が一度解党することになったのだ。僕はその流れで自然に無所属になった。

小沢先生はこの動きをわかったうえで、僕に「離党届を出すのは待て」と言ってくれたのかもしれない。

ところが、政治は一筋縄ではいかない。

立憲民主党と国民民主党がそれぞれ解党して一つの党に統合するはずだと思われていたのだが、交渉がまとまりきらず、国民民主党の一部メンバーが合流しなかった。

結果的に、また同じ名前で「立憲民主党（新）」と「国民民主党（新）」というふうになり、一般の国民には何が起きたのかよくわからない形になった。

僕は無所属になったからといって、何か大きく変わったことがあるかと言われれば、実はそこまで多くはない。

離党届を出して除名などされていたら違うと思うが、立憲民主党（新）になった時、合流せずに無所属になったという経緯によるものかもしれない。あからさまに距離を置く人は表面上いなかった。むしろ無所属になってからの方が交流が深くなった人もいる。

僕が応援に行くことにより党内や支援者からハレーションがあるにもかかわらず、その後の衆議院選挙の際に立憲民主党所属議員である中谷一馬さん、源馬謙太郎さん、落合貴之さん、青柳陽一郎さん、福田昭夫さん、小宮山泰子さん、泉健太さんから応援要請をいただいた。

特に中谷さんは定期的にお声がけしてくれるし、立憲民主党の代表である泉さんは会館などですれ違うたびに「元気でやってる？　早く戻っておいで」と独り身の僕に必ず声をかけてくれる。マメ男はモテるというか、ザイオンス効果（特定の人物や物事に何度も繰り返し接触することで、好感度や評価が高まっていくという心理的傾向）というか、素直にうれしいものだ。政治家にはそれぞれ、やはり魅力や吸引力というものがあり、なるべくしてなっていると思う。たくさんの政治家にお会いして、どういう人に特に「好感」を持てるのか考えてみると、一つの言葉が浮かび上がる。それは「等身大」である。それぞれ個性があり、無理して背伸びすると、本人はうまく演じていると思っていても周りは気づく。それよりもありのままの姿を見せた方が信頼されるのだろう。

等身大といえば国民民主党の玉木雄一郎代表を思い出す。

無所属になってから「たまきチャンネル」にゲストで呼んでいただいた時だ。対談中に、ピアノを弾く玉木さんと「一緒にセッションしよう」ということになり、ピアノとギターでTHE BLUE HEARTSの「青空」を歌うことになった。

曲が始まった瞬間、玉木さんが「大げさなスティーヴィー・ワンダー」のようなノリで電子ピアノを弾き一瞬驚いた。

見たことがない玉木さんのノリに動揺したが、スタッフは見慣れているからなのか淡々とカメラを回していた。しかし、最初は「日本の曲でブラック・ミュージック的ノリ」の違和感が、徐々に「漬物とチーズ」のようにうまくハマっていった。そして曲が終わった瞬間、玉木さんが東大法学部、財務省出身というエリートとは思えない満面の笑みで声を上げた。

「たのしーねー！」

僕はこの瞬間、心の中で叫んだ。

「この人、悪い人じゃない！」

好き嫌いで政治

政治的主張の違いによる戦いと人格的な戦いは違う。前者の場合、主張は違ってもお互いをリスペクトする気持ちがあれば、人間として付き合っていけると思う。

昔、松井証券の社長だった松井道夫さんが執筆した『好き嫌いで人事』という本を読んだ。どんなにきれいごとを言っても、人間は感情の生き物だから、ほとんどの人は「正しいか否か」よりも「好きか嫌いか」で決めると書かれていた。

そう、政治も最後は「好きか嫌いか」で決まるのだ。

残酷な話だが、政治家のスキャンダルは実は秘書から出ているものが多い。なぜなら、いつ、どこで、誰と、何の話をしたのか、下手をすれば家族から愛人などとの私生活も含めて、議員の全行動を知っているのは秘書だからだろう。

「このハゲー！」で有名になった豊田真由子元衆議院議員と飲み会でご一緒させてもらったことがある。笑いも取れて気さくで仕事ができる人なんだろうなーと感じた。そんな人でも、元秘書に恨まれて、録音データを週刊誌へ売られて辞職にまで追い込まれた。国会には秘書会というものがあり、仲良くなった秘書同士でお互いの議員のゴシップをすると聞いたことがある。当然にありうることだろう（議員同士でもするので当たり前といえば当たり前だ）。

そう考えると、政治家は目上、仲間、部下、三六〇度全方位から見られていることを意識して、嫌われない努力をしないといけない悲しい生き物だ。

主張が異なれど、嫌われない努力をすれば大きな軋轢《あつれき》は避けられる。

何か大きなことをやろうとした時に、考え方は同じでも「あいつは嫌いだから」という理由で反対されるということは避けなければいけない。

そういった事態を引き起こさないためには、接する全ての人に嫌われないように配慮できる人間にならないといけない。それは、ナンパで断られても、心の中で「ありがとう」と呟くスタイルに通じるものがあるだろう。

配慮といえば、同じ拓殖大学の先輩でもある鈴木宗男参議院議員と寿司屋に行った時のことを思い出す。

恵比寿の寿司屋で待ち合わせをしており、僕は十分前に店に到着してスタンバイした。オンタイムになると急に女将さんが、「鈴木先生が遅れるようなので、ぜひ先に一杯やってくれと連絡がありました」と言った。

僕は先輩を差し置いて、さすがに飲むわけにもいかず待った。その五分後、女将さんが来て、「また鈴木先生から連絡がありまして、先にやっていてくれと言ってます」と伝えてくれた。しかし体育会系出身の僕は先輩が来る前に飲むわけにもいかず「大丈夫です」とお断りした。その後すぐに、袋に入っていない「裸」のワインボトル二本を両手に持った鈴木さんが、扉から「待たせたなー」と言って店に入ってきた。

その姿は『男はつらいよ』のワンシーンのようであった。

もしかしたら僕が「先に酒を飲む奴」かどうか試したのかもしれないと感じた。鈴木さんは席につくなり隣の人に話しかけたりして場を明るくしていたが、その姿は司馬遼太郎の『新史　太閤記』に出てくる豊臣秀吉そのものだったからだ。

バカはバカのふりはできないが、頭のいい人はバカのふりができるものだ。そこで相手がどういう対応をするか吟味するのは『新史　太閤記』を読んだ時に学んだ。

実は選挙の時、鈴木さんは僕と同じ全国区比例だった。いわばライバル関係だったのである。

チラシを配ろうと横浜駅に行ったら、その時たまたま鈴木さんが街頭演説をしていた。大学の先輩なので演説が終わってから挨拶しに行った。

「おー。おー。頑張れよ」としゃがれ声で僕に笑顔で言った。

「おす。ありがとうございます」と言うと、鈴木さんは僕の選挙カーに向かい、スタッフたち一人一人に激励の言葉をかけ、寿司屋にいる時と同じように場を盛り上げ、みんなを笑顔にした。

人はそれぞれ考え方が違う。

しかし結局のところ、最後はその人を好きか嫌いかで決まるということを学んだ。

みんなを幸せにする言葉、

ありがとう

消費税はタケちゃんマン

ここからは、今の日本がやらないといけないと僕が考えている政策について書いていきたい。

まず、僕はなぜ消費税減税にこだわるのか。

それは、消費税がタケちゃんマン（昭和のテレビ番組『オレたちひょうきん族』でビートたけし氏が演じたキャラクター）みたいな、「強きを助け、弱きを憎む」税金だからだ。

国家が税金を国民から徴収するのは、道路などのインフラを含む公共財やサービスを提供するためである。また、お金持ちからたくさん税金を取って低所得者を救う「富の再分配」機能の一面もある。そう、税金というのは、本来だったら「弱きを助け、強きを憎む」ヒーローじゃないといけない。

普通、税金はお金持ちになればなるほど税率が高くなる「累進性」が利いていて、所得税がそれにあたる。ところが、消費税には貧乏な人ほど負担が重くなる「逆進性」がある。

わかりやすくするために、かなり大雑把に説明するが、仮に手取りの年収が一億円の人と一〇〇〇万円の人で比べてみよう。

一億円の人が生活するのに五〇〇〇万円しか使わなかったら、払う消費税は五〇〇万円。

一〇〇〇万円の人が生活するのに一〇〇〇万円全部使わざるを得ないとすると、消費税は一〇〇万円。

両者を比べたら、一億円の人にとって支払った消費税は収入の〇・五％だが、一〇〇〇万円の人にとっては一〇％。これが、消費税には逆進性があり、「低所得者いじめ」と言われるゆえんだ。

それだけじゃない。

実は、消費税は「大企業優遇政策」だということを知っているだろうか？

国民のほとんどが「消費税増税に反対」を声高に叫んでいたのに、経団連や派遣会社は消費税増税に賛成、いや、むしろ推進していた。普通の感覚ではわからないことだと思うので簡単に説明するが、経団連と派遣会社が賛成する思惑はそれぞれ異なる。

第一に、なぜ大企業の集まりである経団連が賛成するのか。

それは「消費税還付金」、いわゆる「戻し税」と呼ばれる仕組みがあるからだ。

経団連に所属するような大企業は、たいてい輸出企業でもある。輸出企業は、取引が国境をまたいだら外国の企業から消費税を取ることはできない。

そうすると、製品を作る過程で国内下請け企業に消費税を払っているのに、輸出する際には消費税をもらえないのだから大企業にとって「不公平」になる。そこで、輸出企業はその製品を作る過程で国内で払った消費税を返してもらえるというのが「戻し税」と呼ばれる仕組みだ。最終的な製品の納品先が外国の大企業は消費税を払わなくていいのに、中小企業は国内の大企業に製品を納めるので消費税を払うのだ。

　ということは、輸出企業Ａは国へ消費税を払わないが、国内企業に払った分だけ戻ってくる。ところが、そのＡと取引した中小企業は消費税を国に納めないといけない。消費税が上がっても大企業は中小企業に価格転嫁をなかなか認めないので、中小企業は泣く泣く利益を削りながら生きているところに、消費税が重くのしかかる。

　中小企業が消費税増税で苦しんでいるのに、大企業は「戻し税」で潤う構造なのだ。

派遣会社がほくそ笑む理由も見逃せない。

派遣会社が消費税に賛成する理由は、「仕入税額控除」である。何が仕入れか？　「人件費」、つまり非正規雇用として働いている人たちは、「仕入れ」の対象として扱われているのだ。

正規雇用だと「人件費」なので消費税における仕入税額控除の対象外だが、非正規雇用にすると「仕入れ」となって「人件費」ではなくなる。だから、消費税の支払いを減らしたい事業者は、正規社員を減らして非正規社員を増やしているのだ。

非正規社員が増えたらどうなるか？　非正規社員は仲介料を取られているので、平均的に正規社員の六〜七掛け程度の賃金しかもらえない。そういう人が増えるので、現代の奴隷制度のような形で低所得者が増加することになる。

このように、消費税増税により、大企業は戻し税で潤うし、非正規社員を大量に雇用すればさらに消費税を節約することができる。ついでに派遣会社は仕事が増えてうれしい。

その一方で、普通に働いてきた人たちの生活はどうなるのか？

正規雇用だったのが非正規雇用に切り替えられ、収入が減るのに増税で生活が苦しくなる。

ひどいと思わないだろうか。

これが、僕がなんとしてでも消費税を減らしたいと思う背景である。

財務大臣と飲み会

消費税といえば、僕が宙ぶらりんの時に、当時財務大臣であった麻生太郎衆議院議員と食事をすることになった。麻生さんと大家《おおいえ》敏志《さとし》参議院議員、藤末健三元参議院議員、僕を含めて四人の会食だった。場所は赤坂の某料亭。部屋に入ると何十畳もあるスペースにテーブルが一つだけ置いてあり、テーブルをどかせば柔道の乱取りができそうであった。

麻生さんが来るなり「高村さんに会ってやってくれって言われたからヨ〜」と早速、麻生節が聞けた。高村正彦元衆議院議員は衆議院第二議員会館内にある国会健康センターでよくお会いする。高村さんとは一度食事を一緒にさせてもらい、その後、麻生さんに繋げてくれたのだ。高村さんは政界を引退された後も議員会館にある「国会健康センター」には欠かさず足を運んでおり、僕と会うたびに「元気さん、元気ですか」とおじいちゃんギャグを言ってくれる。

メニューが置いてあったが、料亭だと普通であれば飲み物メニューとコース内容だ。しかし、そこには一品料理がずらりと書かれていた。そして麻生さんはメニューを見て、「俺は～これとこれ、あとこれもちょうだい」と言って、飲み物は日本酒のぬる燗を頼んだ。僕は料亭でお好みで頼む人を初めて見た。

僕が唖然としていると、「お～、須藤先生も好きなの選びな」と一年生議員の僕に「先生」と言ってこられたので恐縮した。

「おす」

僕は麻生さんの頼んだ品数に合わせようと料理を選んだのだが、「これでお願いします」と言おうとした時にすっぽんのお吸い物が目に入り、どうしても食べてみたくなったので一品多く選んだ。

「何、須藤先生は消費税反対なんだって？」

「おす」

「しかしな、ヨーロッパを見てみな」と緊縮派の方がよくする話を麻生さんが始めた。

「……そう思わないか」

「お、おす（そう思いません）」

拓殖大学体育会系は「おす」のイントネーションでイエスあるいはノーの気持ちを伝える。

「うちのオジキ（麻生）はよー」と飲みながら大家さんはところどころ会話に入り、麻生さんにお酌をしていた。そしたら突然、大家さんが自分の飲んでいた盃（僕の盃ではない）を僕に渡し、「飲みな」とジェスチャーをした。

「お、おす（これで飲むんですか？）」

人の盃で飲む文化が僕にはなかったので驚いた。しかし、郷に入っては郷に従えだ。

もらった盃で日本酒を飲みながら、ここにいるメンツの面構えを見回すと『仁義なき戦い』の撮影をしているようだった。この時「カ――ット！」と監督の声がかかっても僕は驚かなかっただろう。

二時間ほどいただろうか。最後に麻生さんはこう言った。

「お前は二枚目じゃないからいいな。酒飲んでつまんない奴じゃなくて良かったよ」

「おす（恐縮です）」

「頑張れよ」

「おす！」

麻生さんはそう言って、愛用しているボルサリーノ（ブランド名はわからないが）を被り先に颯爽と部屋を出た。

「半径2メートルの男」とは聞いていたが、あのテレビで見るイメージとは違い気さくで明るく、会った人が好きになるというのがわかった。政治的スタンスや消費税に関して嚙み合うところはあまりないが、一年生議員の僕に会ってくれたことに感謝した。僕は次の日、ボルサリーノを買いに行った。

そういえば、麻生さんと犬猿の仲と言われる武田良太衆議院議員と、以前赤坂で立憲民主党の仲間と歩いていたら、出くわしたことがある。武田さんがたまたまお店から出てきて「立憲の若手かー。今度飲みに行こうな」と僕たちに明るく言った。当時、総務大臣だったにもかかわらずリップサービスといえども気さくに声をかけてくれてうれしかったのを覚えている。

まぁ麻生さんと犬猿の仲と言われるのは二人とも器量のある九州のヤ○ザの親分みたいな似たもの同士だからだろうか（褒めてます）。他にも僕に目をかけてくれる、れいわ新選組のたがや亮衆議院議員や大島九州男参議院議員も同じ親分肌である。政治家にはいろんなキャラクターがいるのだ。若手議員に好かれる政治家は、人情に厚いという共通点がある。僕も頑張ろう。

インボイス制度は廃止すべき

政府は、消費税増税で国民をいじめるだけでなく、零細企業に対しても増税を行った。それが、インボイス制度だ。

インボイス制度とは、今まで消費税を納めなくてもよかった売上一〇〇〇万円以下の小さな企業に税金を納めるよう誘導している。

この制度の残酷なところは、税額控除の対象となるインボイスを発行するには課税事業者に登録しなければならないという点だ。

零細企業は、二つの選択を迫られている。一つは、大企業との取引を維持するために、課税事業者に登録してインボイスを発行し税金を納める。もう一つは、消費税の免税を選択し、大企業からの取引を打ち切られるかだ。

前者は納税負担増で赤字リスクがあり、後者は取引打ち切りで廃業に追い込まれがちだ。

インボイス制度が始まってから、少なくない小規模事業者が自主廃業に追い込まれた。

ＴＶの記者会見でアニメ声優がインボイス制度のために自主廃業せざるを得ないと発表した。年収三〇〇万円以下が七割の業界で、一〇％の消費税を納めたら生活できない。そう、この制度は、国民から「夢」まで奪ってしまったのだ。

インボイス制度導入によって小規模事業者は税務申告も複雑になり、手間と税理士費用がかさむことがわかっていた。そのうえ、インボイスを発行できない免税事業者の領収書が使えないとなると、取引先から切られるのが目に見えているので、自主的に廃業して派遣会社に登録する流れが生まれる。最後は派遣会社だけが儲かる構造だ。

ただ、テレビのワイドショーのコメンテーターなどが、「消費税として預かったお金を納税しなかった事業者の方が悪い」という発言をすることもあって、インボイス制度に関して誤った認識が広まっていると思う。

小規模事業者は大手から仕事をもらうことが多く、立場上、値上げ交渉が難しいのが現実なのだ。消費税導入議論の時代には小さなお店からの反発も大きかったからこそ、そういう零細企業に対して「免税」という措置を取ってきたのだ。

消費税は、小さな会社が努力して手に入れた売上を横取りする「第二法人税」という性格を有し、インボイス制度によって小規模事業者は、今まで免税事業者としてギリギリ食いつないできたのに課税されてしまう。赤字で倒産するのが目に見えているので、廃業する事業者が急増しつつあるのだ。

それくらいのことを政府はわからないのだろうか。

わかってやっているなら、それは弱者いじめだ。

その一方で、大企業は輸出が多いので、消費税増税で戻し税が増えて潤う仕組みになっている。インボイス制度が小さなお店から「存在しない預かり税」を徴収する一方、大企業を優遇するひどい制度だと気がついて欲しい。

この国に存在する企業のうち、大企業はたったの〇・三％、中小企業は九九・七％だ。中小企業がこの国の多数派だからこそ、その声が国の政治に反映されるべきだと僕は考えている。

政府は大企業や団体など少数派の意見ばかり聞いて、それらに所属しない多数派の中小企業や個人事業主の話には耳を傾けない。

幸い僕にはしがらみがない。何の気兼ねもなく弱者の耳に声を傾けることができるので、みんなの意見を僕に届けて欲しい。

政治家として動くには、世論の力がいる。

そんな僕らが協力し合って、この弱者いじめの制度を廃止に追い込もうではないか。

幸い僕にはしがらみがない
何の気兼ねもなく弱者の声に耳を傾けることができるので、
みんなの意見を僕に届けて欲しい

ザイム真理教とは

森永卓郎さんの『ザイム真理教』という本では財務省が「増税が正義」という教義を政治家に布教して操っていると指摘している。

森永さんによると、ザイム真理教の教義とは、財政均衡主義に世紀末思想がくっついているものだ。昔流行《はや》ったノストラダムスの大予言のように、「借金が増えれば国が滅びる」という世紀末物語がバイブルとなっている。

子供の頃に大ブームを巻き起こした、『週刊少年マガジン』が特別プロジェクトとして組んだ『ＭＭＲ　マガジンミステリー調査班』みたいなものだ（あの時はノストラダムスとかエイリアンに真剣にビビった）。

借金が増えれば国が滅びるっていうのは、確かにそうかもしれないと思わせるものがある。しかし、借金の量によると思う。会社を経営していたら、普通は銀行から借り入れをして売上から返済していくので、借金もバランス次第。お金が返せなくなった時が、本当の倒産だ。

政府はお金がないから予算を増やせないと言いながら、首相が「海外支援」と言えば財源どうこうという話は一切せずに、黙って何千億円をサッと差し出す。

「ザイム真理教」と呼ばれるゆえんはそのダブルスタンダードにあるのだろう。

「借金が増えれば国が滅びるのです」という世紀末思想を議員の間に布教して、「増税すなわち善」という教義を掲げて国民を苦しめながら、海外にはお金を差し上げるシステムになっている。夢グループのCMのように昭和の価値観からアップデートを拒み続ける議員たちが多くいるのも問題かもしれない（あのベタなCMは好きだが）。

かつては、こうしたザイム真理教と戦おうとした気骨のある者がいたが、そういう議員のところに財務省の役人がやってきて抱き込もうとしたり、それでも減税を主張する議員には、財務省の下にある国税庁を使って税務調査をけしかけたりするなどの噂がまことしやかに流れていた。議員たちの話を聞いていると、単なる噂では片付けられないような雰囲気である（すみません。僕のところには来ないで！）。

国会でも、消費税増税で国民が使えるお金が減ると、消費が落ち込むので経済成長の足かせになるという議論は何度もなされてきた。消費が落ち込めば、景気が悪くなり、国民の収入が減る。そうなったら、税収はどうなるのか？　という国会での質疑に対して、「そのときは税収が減る」という答弁（第一八七回国会）を政府はしている。それなのに、政府は国民所得を増やそうとすらせずに、何度も消費税増税に踏み切ったのだ。

これは財務省の責任ではなく、政治の責任だ。政治が行政を動かすのであり、政治家が正しい貨幣観の下で政策を作れば、国民は幸せになれるのだ。

デフレの時代はまだマシだったのかもしれない。今や、インフレでモノの値段が上がり、国民は節約のしようがない。インフレの中で生活苦を抱えながら、消費税が増税され、インボイス制度が導入されて、国民は極限まで搾り取られ不調和状態が続いている。

話は変わるが、不調和といえば欅坂46の『不協和音』を枝野さんが歌っていたのを思い出す。歌好きで知られている枝野さんに、スナックへ何度か連れて行ってもらったことがあるのだ。枝野さんのアイドル好きは最初ネタかと思ったが、ＡＫＢ48や乃木坂46など、アイドルの歌を気持ち良く歌いこなしていてウソではないことがわかった。隣に座っていた議員に聞いてみた。

「枝野さんはガチだったんですね」

「ガチですよ。迷いないですから」

平手友梨奈が憑依しているかのような枝野さんの歌いっぷりを見て、「このくらいの勢いがなければ自分で『党』なんて立ち上げられないんだ」と感じた。
やはり、最後に政治家に必要なのは「決意性」（by ハイデガー）なのだろう。

問題は給料が安いこと

消費税は普通のサラリーマンやＯＬにとってずっしりと重い負担になる。麻生さんの言う通り、消費税率は欧州よりは低いかもしれない。ただし、根本的な生活苦の原因である「日本人の給料が先進国の中でかなり低い」という問題を忘れている。可処分所得そのものが低いので、低税率でも生活は苦しい。その要因は非正規雇用の実態にある。

派遣も正社員も同じ給料をもらえるルール（同一労働同一賃金）が守られていないから、派遣社員の生活は苦しいのだ。

派遣会社が派遣やパートに対して正社員と同等、あるいはそれ以上の賃金を支払っている国では、日本のような問題は起こらない。アメリカでは、派遣の方が正社員よりも給料が高いことがよくある。それは、人手不足の時期に身分の安定しない短期的な雇用をするために、それなりのプレミアムを支払っているからだ。一方で、長期では派遣よりも正社員で雇う方が、メリットがある形になっている。

では、日本はどうだろうか。

日本では正社員で人を雇うと、雇用ルールでクビにするのが非常に難しい。不当解雇を防ぐためにそれは大事なルールだが、場合によっては過剰な運用がなされていて、明らかに働いている人の態度が悪かったり、サボってばかりの場合でも、企業はその人を解雇できないという問題を抱えているのだ。そのため、大企業は多少の赤字くらいでは従業員をクビにできず、倒産寸前になってようやく「リストラ」に踏み切れるという厳しいルールになっている。

厳しいルールにがんじがらめだった企業が取った対策は、クビにしやすい派遣を増やすことだった。ところが、仲介手数料を取られるので、派遣の給料は平均すると正社員の七掛けくらいなのだ。

東京オリンピックの際に、ある派遣会社が九割以上も中抜きしていたことが報道されて話題になった。働いている人たちがこんなにも生活に苦しんでいるのに、政府からもらったお金をがっぽりと中抜きするなんて、と驚いた。

そんなことが横行していて、本当に良いのだろうか。

身分が不安定な派遣社員が受け取るお金は、正社員と同等かそれ以上であるべきだ。前政権が正社員と派遣を同じ給料にするように掛け声を発しただけで、実際はなんにも変わっていない。

本来ならば、搾取を行う企業に対して罰則付きで取り締まっていかなければならない。

厳しいことを言っているかもしれないが、それくらいのことをやらないと、正規非正規格差という不幸が是正される日は来ない。

「派遣会社」が悪だと言っているわけではない。働く人たちに対して「正当な対価を払わない」企業だけが問題であり、そういった弱者いじめを放置する行政の問題でもある。派遣社員として、正社員よりも不当に安い給料で働かされている人たちのために「戦う武器」として行政罰を設けるべきだと思う。

こういう収入格差の発生は人為的なものであり、政策で解消できるものである。

だからこそ、政治の力が必要だ。

収入格差の発生は人為的なものであり、
政策で解消できるものである

雇用の源泉は車

雇用といえば、日本の労働市場六七四五万人（二〇二三年十二月末時点）のうち、約五五〇万人を支えているのは自動車産業だ。ところが、これまで自動車産業の柱であり続けたガソリン車を含む内燃機関車両がここから消えていき、雇用が激減するリスクがあると言われている。

二〇二一年一月、菅義偉《よしひで》前総理が「二〇三五年までにガソリン車の新車販売を禁止する」と発表した。自動車産業に従事する人たちにすれば、青天の霹靂《へきれき》だっただろう。まるで居酒屋でビールを販売するなと言っているようなものだ。

トヨタ自動車の社長が、記者会見で目に涙を浮かべ、自動車産業で働く人たちの生活を考えてくれと訴えた。そういった声に対して政府は、「脱炭素を進めることで新しいビジネスが開けていくから、そこで雇用は吸収できる」と言ったが具体的な案は出ていない。

本当にそうだろうか？

日本において自動車製造業の出荷額がGDPに占める割合は約一割と大きく、そこに従事する人たちの雇用者数は前述したように約五五〇万人となっている。そんな中で、ガソリン車の新車販売が禁止されると、一〇〇万人の雇用が失われてしまうという議論がなされてきた。

一〇〇万人というのは、決して大げさな数字ではない。ガソリン車工場や下請けの部品工場で働く人たち、ディーラー、自動車整備士、ガソリンスタンドで働く人たちなどを全部合わせていけば、軽くそれくらいの数字になるだろう。

僕が問いたいのは、「何のために、ガソリン車を廃止するのか」ということだ。化石燃料を燃やす際に出る二酸化炭素の排出量を減らすためだという「建前」を掲げているが、僕らの国では、全発電量の七割を化石燃料を燃やす火力発電が占めている。電気自動車を走らせても、そのエネルギー源は化石燃料を燃やして作った電気なので、日本全体の電力エネルギー源の構造を変化させない限り、電気自動車を走らせても、ガソリン車を走らせても二酸化炭素の排出量は大差ないと言われている。

理論上、成り立たないことのために、自動車産業で働く一〇〇万人の雇用を潰すなんて、あっていいのか。

正直いうと、僕はバイク乗りなのでエンジンをかける時の「音」が自分にとっては手放せない。「エンジン音のしない電動バイク」は、「本の匂いがしない図書館」みたいなもので、どうもしっくりこないのだ。

政治家になる前は環境を守るために電気自動車推進は素晴らしいと思っていた時期もある。しかし、その流れは日本のガソリン車潰しのために欧州で始まったという側面も知った。欧州勢は日本のハイブリッド車の売れ行きに脅威を感じてライバル心を抱いてきた。そこで欧州勢は環境問題を掲げて「ハイブリッド車よりクリーンなディーゼル車」というイメージを作り出し、ディーゼル車推進で日本車に勝とうとしたという。そういう経緯を知ると、ガソリン車を「全面禁止」にするというのは、賛同しかねる。

ガソリン車の販売を禁止にするのではなく、より環境に優しい技術開発を支援すべきではないだろうか。

ちなみに僕は議員になる前はバイクのロードレースに挑戦していたことがあり、乗っていた車は白のハイエースのトランポ（バイクを積む仕様）であった。当選してからもハイエースで国会に行っていたが、そんな議員は誰もおらず、ましてやトランポだったので異様に見えていたと思う。他の多くの議員たちは黒塗りの車なので、駐車場に並ぶ僕の車はのり弁の隙間から覗く白いご飯のようであった。

文春砲との戦い

無所属になって立憲民主党の議員とのコミュニケーションが少なくはなったが、無所属議員の安達澄《きよし》参議院議員（当時）と寺田《てらた》静参議院議員とで週一回、無所属勉強会を開き情報を共有した。

そして他にも気になる「議員連盟」に入るようにした。

議員連盟とは国会議員が自主的に結成するグループで、党内だけのものもあれば「超党派」と言われる党派を超えたものもある。結成の目的は政策推進から親睦まで幅広く、頻繁に活動しているものもあれば全然活動していないものもある。月会費があり、金額は様々だが平均一〇〇〇円くらいものが多い。

僕が入っている議連はバイカーズ議連、有機農業推進議連、犬猫の殺処分ゼロをめざす動物愛護議連などである。ある日、サウナ振興議連の案内が部屋に届いていた。週に二、三回サウナに行く僕としては、サウナ振興議連に入らないわけにはいかない。

第一回の総会が開かれ、役員を決め、今後のサウナの普及や課題について議論された。そして日を改め、議員たちでサウナに行くことになった。

僕は格闘家になった二十歳の時にアメリカでタトゥーを入れており、日本の浴場などはタトゥー禁止が多いので行けるところが限られる。それを伝えると「貸切だから大丈夫ですよ」と言われたので参加することにした。

みんなの前で裸になるということでついつい気合いを入れて糖質を控え、身体を仕上げていった（必要ないが）。当日は十名ほどいただろうか。サウナに入ると衆議院議員の先生方が多く、初めてお会いする方も多かった。衆議院と参議院は同じ国会内にあっても別会社みたいだとも言われる。参議院の僕には衆議院の議員は誰が誰だかよくわからなかった。僕は無所属だったので特にそうだ。この時、サウナに入ると見たことのないスキンヘッドのマッチョな方がいた。

サウナを出ると同じ建物の中に宴会ができるスペースがあり、みんな服を着て懇親会が始まった。そこでサウナでは見かけなかった人がいたので、「初めまして、須藤元気です」と言った。しばらく会話していて、この人が「タトゥーにもカツラにも人権を」と言った時、「この方もしや、さっきのスキンヘッドの人！」と気がついた。

その方は堀井学衆議院議員だった。僕は堀井さんがカツラを被っているのを知らなかった。サウナを出てからスーツに着替え、カツラを被りメガネをかけていたので全くの別人に見えたのだ。「初めましてなんて、失礼なことを言ってしまった」と思い焦ったが、堀井さんはカツラをネタにした話を連発していたのでホッとした。だが、再び危機がやってきた。

「下で文春が張っています！」とスタッフとして働いていた秘書の方が小声

で叫んだ。

みんなで盛り上がっていた会場は違う意味で盛り上がった。

「やばいよやばいよ」と誰もが出川哲朗氏になり、窓から覗くようにこっそりと外を見た。確かに誰かいる。

別に何も悪いことはしていないのにどうして、と疑問に思ったが、どうやら「サウナ男女混浴」という案内状が引っかかったらしいとのこと。フィンランド式サウナは混浴（水着着用）なのでそれに則っての開催だったのだが、国会議員という立場は厳しいものだ。

残念なことにこのサウナは狭い路地に入ったところにあり、出口が一つしかなく、どうやってもその扉から出る必要があった。

サウナ振興議連の会長である武田良太さんは「待っていても始まらない。俺はもう行く」と籠城戦で痺れを切らした戦国武将のように立ち上がった。

「殿、しばしお待ちをー」

「黙れ！　かーいもーん（開門）」

武田さんは九州男児らしく一人で扉から出た。

そうするとすぐにフラッシュがたかれ「整いましたか？　整いましたか？整いましたか？」と記者たちの火縄銃の音が聞こえた。

「うーあー」と武田さんの声が聞こえた（気がする）。

文春の狙いは「整ったよ」という一言だろう。僕が文春の記者ならば見出しに「国会議員たちは今日も整いました～」という見出しをつけるだろう。

どちらにせよ帰らなければいけない。

殿が討ち死にし、策もない僕らは頭を抱え込んでいた。

その時、事務局長である荒井優《ゆたか》衆議院議員が「拙者が最初に出て囮となり申す！　その間に、みんなで一斉に脱出してくだされ！」と発言。誘導作戦で自ら討ち死にを志願した荒井さんの男気に感謝した。

みんなで出撃の準備を整え、荒井さんが扉を開いて突撃した。記者に話をしてから五秒ほど間をおいてみんなで一斉に出た。しかし、さすがは文春、敵ながら天晴れだ。それも想定して野伏せの陣を張っており、「整いましたか？ 整いましたか？ 整いましたか？」と議員たちはまるで映画『プライベート・ライアン』の冒頭で船の扉が開き、一斉射撃を食らっているような状況になった。実は僕は出撃の前に「もしかしたらカツラのように見た目を変えればいいかも」と閃き、ジャケットを脱ぎ、持っていたパタゴニアのウィンドブレーカーを着て前髪を下ろし、しれっと一般人のような格好をしていた。その格好で出てきたので何も言われなかった（僕に聞いても面白くないからかもしれないが）。

後日、記事を見ると、混浴ではなく男女別だったので、そこまで変な記事にはなっていなかった。しかし、記事に載った殿をはじめ何人かの犠牲者に哀悼の誠を捧げたい。

女性の年収を一〇〇万円増やす「グングンピカピカチャリンチャリン戦略」

日本人女性の四割が年収二〇〇万円以下という衝撃の実態を知る人は少ない。

これを解消するには「配偶者控除大幅引き上げ」をするべきだと思う。

配偶者控除を引き上げれば、女性の低所得対策にもなり、結婚のメリットを与えることによる少子化対策、さらに企業の人手不足問題解消を兼ねられる。

一石三鳥の政策だ。

僕は、経営者として女性を採用することもある。

日本人女性は優秀な人が多いので、忙しい時期にもっと仕事を頼みたいとよく思うが「配偶者控除の壁」を理由に断られて残念な思いをするということを何度か経験してきた。

所得税が発生する一〇三万円の壁、ご主人の配偶者控除の対象から外れて自分で社会保険料を払う一三〇万円の壁、控除額が減っていく一五〇万円の壁、配偶者特別控除がなくなる二〇一万円の壁。壁ばかりで養老孟司氏のベストセラー『バカの壁』を思い出す（本書もベストセラーになりますように）。

彼女らとしては、一三〇万円を超えるとご主人の配偶者控除の対象から外れて社会保険料を払わないといけなくなる。「高い社会保険料を払うくらいなら……」と働きたくても働けないという、まるで映画『ダークナイト』の主人公バットマンのように、自らの理想と現実の間のジレンマに直面する。

二〇二三年から、一三〇万円の壁を二回までなら超えても配偶者控除から外れないというケチ臭いルールに変わったが、そんなので女性が継続的に就業時間を延ばして働くインセンティブになるだろうか。

働きたい女性が配偶者控除の壁のために働けない一方で、企業は人手不足。

そのために自主廃業を選ぶ企業もあるくらいで、これはもはや日本の経済成長を阻む社会問題だ。

夫の稼ぎがあるから女性は低所得でもいいという政府の態度は、「女性の活躍推進」というスローガンと矛盾している。

僕は、配偶者控除は三〇〇万円まで引き上げるべきだと思っている。所得税以上に社会保険料が重たいのだから、一三〇万円を三〇〇万円にするべきだ。

日本の就労人口約六八〇〇万人のうち約三〇〇〇万人程度が女性だ。その約四割、おおよそ一二〇〇万人が年収二〇〇万円以下だというのは衝撃だ。配偶者控除を三〇〇万円まで引き上げたら、働きたい女性はもっと働けるのではないだろうか。

そうすれば、年収二〇〇万円以下の女性たちの年収は一〇〇万円くらい底上げされる。単純計算だが、全体で女性の収入が十二兆円は増えることになる。

控除対象の拡大により歳入減を気にする人もいるだろうが、僕は大丈夫だと思っている。

たとえば、年収一三〇〇万円の女性が三〇〇〇万円になったら、その女性はどうなるだろう。

買い物に行って化粧品や服を買って、オシャレを楽しもうとするのではないか。お小遣いが増えた分だけ趣味に費やしたり、お子さんの習い事に充てたり、お友達と旅行に行ってみたりして人生を楽しむだろう。そして須藤元気の書籍を全て購入して僕に印税生活してもらおうと思う人もかなりいるはずだ。よろしく。

今まで我慢してきたことにお金を使うと、需要がグングン伸びて企業の収益もピカピカ、税収もチャリンチャリン増える。僕はこれを「グングンピカピカチャリンチャリン戦略」と呼んでいる。さらに、結婚すると負担が減るとなったら、愛する恋人がアルバイトで所得が少なくても、結婚への一歩を踏み出すカップルが急増すること間違いなし。まさに少子化対策のサクセスストーリーにも繋がるはずだ。

政府は、女性の活躍を推進するなら、働くメリットを女性にもっと与えるべきだと思う。日本の女性は優秀で、企業は彼女たちの活躍を望んでいるし、女性だって本当は働きたい。そういった人たちを応援するのが政府の役割だ。

こうやって、消費税を減税し、正規非正規格差を是正し、配偶者控除を大幅に引き上げるだけで、日本の低所得問題の多くは解決できる。

収入が増えて、人生を楽しめる人が増えれば、無理ゲー社会と呼ばれる時代にピリオドを打てる。みんなが幸せになれる社会に変えていける。

不幸な国民が増えたら、それは政治の失敗だ。

幸せな国民が増えるように政治家は努めなければならない。

それが僕の思う政治の在り方だ。

消費税を減税し、正規非正規格差を是正し、
配偶者控除を大幅に引き上げるだけで、
日本の低所得問題の多くは解決できる

少子化対策は給料を増やすこと

政府の少子化対策がおかしいと思う。

国民から金を取り上げておいて、それを一部にばら撒いて恩を着せようとしているにすぎないのではないだろうか。

殴ってきた奴が「治療してあげる」と包帯を巻くようなもので、「だったら殴るな！」と言いたくなる。

そんな政策に違和感を抱かないだろうか？

そもそも、なぜ、「結婚できないのか」ということを考えるべきである。

それは、ここ三十年間で、「政府が国民に対する配慮を欠いてきた」からだと言っても大げさではない。

低収入のカップルが「共働きなら結婚できる」と考えても、子供ができて仕事を休むことを考えると出産や結婚自体を諦めてしまうケースも少なくない。

政府が国民からお金を取り上げる現状を改め、内部留保をたっぷり持っている企業が働く人たちに十分なお金を分配する仕組み作りをしないと少子化が進行する。

少子化対策で「子供を産んだらお金を配る」と言っては、その財源確保のために国民負担を増やすというようなことをいつまで繰り返すのだろうか。

消費税や社会保障の負担を減らしたり、派遣の給料を上げたりする改革が必要だ。そして、大企業に下請けの中小企業が請求金額の値上げをお願いする際に、原材料費高騰だけでなく賃上げも交渉材料とするように独禁法を運用することが必要だ。税負担を下げ、給料を上げるという政策で多くの人の手元にお金が残る。

昔はお父さんがサラリーマンで、お母さんが専業主婦でも三十五年ローンで家を建て、子供二人くらいは大学に入れる収入があったはずだ。共働きしなければ生活できない女性をサポートする取り組みも万全とは言えないままに、掛け声だけ「女性活躍推進」と言うのは、女性に負担を押し付けているのではないだろうか。

仮に、年収三〇〇万円台の男性が五〇〇万円台に、年収三〇〇万円に満たない女性が四〇〇万円くらいまでになれば、世帯年収九〇〇万円となるので「結婚して子供が欲しい」というささやかな幸せに向かって踏み出す勇気が出る。

政府や大企業が、働く普通の人たち、弱い人たちから奪ってきた正当な労働対価を払うように促すだけで、国民はもっと自由な生き方ができる。

無所属になり、国会の本会議場の席替えがあった。その結果、この日本を作ってきた神聖な場所で、僕の席が一番前のど真ん中になった。席順は、基本的に一年生が最前列で、後ろの方に向かって徐々に当選回数の多い偉い先生が座ることになっている。後ろの席はすぐ出口もあるし、出入りもしやすいが、前の席だと後ろから何をやっても全部見られてしまうし、前方の議長席からも丸見えなのだ。

僕は子供の頃はかなりの多動気質だったので、先生から罰として一番前の真ん中に座らされていたことが脳裏に浮かび上がる。大人になっても同じポジション。正直今でも、座り続けるのはきつい。合コンでオキニの子が隣に座ってくれた時はなぜかずっと座っていられるが、それ以外の時は腕立て一〇〇回の方が楽である。大人になって多少は落ち着いたものの、会議の時は一時間に一回は立ち上がり、トイレに行ってストレッチをしている。

おそらく国会議員の中でトイレに行く回数が多いランカーだろう。

女子トイレを守って

そんな感じで頻繁に男子トイレに行く僕に対して、女子トイレに関する相談がやってきた。

二〇二三年、岸田首相が突然「LGBT理解増進法を成立させたい」と意欲を見せ、「女子トイレの扱いはどうなるのか?」とネットで話題になった時のことだ。

僕は『仮面ライダーW』でルナ・ドーパントを演じた時、オラオラキャラの設定をおネエキャラに変えて人気を得た経験もあったり、ゲイやレズの友達もいるのでLGBTの方々に何の偏見もない。ただこの法案で一つ気になったことがある。それは、「女性と子供の権利」が同等に扱われなくなるリスクだ。女性と子供の権利を守るある団体から、この法律が成立することによって、女性と子供の権利が侵害されないように「女性専用スペースを守る」ことに配慮するよう求める請願書と約二万五〇〇〇人分の署名を、僕は受け取った。

もちろん、LGBTの権利もしっかりと守って、お互いに譲り合って気持ち良く生きていける社会を築くことが大事だと思う。

ただし、法律が成立してから、トランスジェンダーを装う「成りすましトランスジェンダー」が登場するようになったのだ。実際、女湯や女子トイレに男性が乱入してしまうという事件が起こり、逮捕された時に本人は「心は女性です」と言って罪を逃れようとした。そういった事件によって、事情をよく知らない人たちの憎悪がトランスジェンダーに向けられるようになり、本当のトランスジェンダーの方たちが肩身の狭い思いをするようになったという側面もある。

とはいえ、女湯は「公衆浴場における衛生等管理要領等」で定めるように、七歳以上の男女は身体的特徴に沿って別々に利用するよう厚生労働省から通知が出たので、性転換手術を受けていない方はご遠慮いただくこととなる。問題は、政府から利用に関する助言も指針も出ていない女子トイレである。
　ある公衆トイレで男性が入り込み、発見した女性が警察官に相談したところ、「あの人、心は女性だとおっしゃるので追い出すことができません」と警察に対応してもらえないということがあったと相談を受けた。こういったケースは、女性にとっての脅威ではないだろうか。これでは、女子トイレに侵入して隠しカメラを仕掛けたい盗撮犯が発見されたとしても、「心は女です」と主張して罪を逃れようとすることが可能だ。女性からしたら、隠しカメラで盗撮されているかもしれないと考えると怖いだろう。

　実は、政治家になってから僕の息子（ち○こ）の姿を盗撮されて、ゲイサイトで九五○○円で販売されていたことがある。ほぼ裸で仕事をしてきたとはいえ、そして乳首までならまだしも、僕の「立派な息子（想像にお任せします）」が盗撮されたうえ、それが九五〇〇〇円という値段であった。

相場がわからないのでこれが高いのか安いのか、そしてなぜ万に届かなかったのか気になる。

とりあえず社会の風紀を乱すわけにはいかないので、良識ある政治家として削除要請をした。この事件がニュースになって、「須藤元気のアソコはトリッキーじゃなかったのか」とか、「今のコイツで売れるのか」など、国民から僕の息子に関して様々なコメントが寄せられた。嫌いじゃないわ！（by ルナ・ドーパント）

僕だから笑い話で済むが、こういう盗撮動画がネット上に流されて出かけられなくなり、鬱で自殺する事例も世界では報告されているほど深刻な問題なのだ。

僕は、国会に対して、女子トイレの運用法を明確にするよう、そして女性の権利をきちんと守るよう求める書面を作成して提出した。

みんなが過ごしやすい国を作っていきたい。

改憲議論と僕らの権利

政界はいつも、憲法改正議論で対立している。
「憲法によって自国の軍隊を持つことが妨げられるが、それで国家主権と呼べるのか」「改憲で国家主権を取り戻そう」とか叫ばれると、確かに憲法改正自体は議論の余地があると思える。

敗戦後、日本国憲法を用意したのはアメリカだという説がまことしやかに流されていて、愛国者と呼ばれる人たちほど「憲法改正で国家主権を取り戻そう」と主張するようになった。僕も、憲法は改正した方がいいのかと思っていたが、自民党の憲法改正案（二〇一二年）を見て、掲げているスローガンと中身が違いすぎて唖然とした。

言っていることとやっていることが全く異なったのだ。

「国家主権を取り戻す」って、アメリカからだと思っていたら、「国民主権から国家主権を取り戻す」という意味だったのだ。これが、政府のトリックだ。

これでは僕ら国民は、今まで与えられてきた多くの権利を失うことになる。裏金政治家を批判する言論の自由や、そういった政治家に対抗する政治結社の自由もなくなる。今は政府に逆らっても逮捕されることはないが、憲法改正後は逮捕される可能性が出てくる。

政府は、僕らB層（小泉郵政改革選挙の時に、広告代理店がインテリはだませないので情報弱者をまとめて「B層」と呼んでターゲティングしたことに由来する）を「バカ」だと思って、「日本人が不遇な目に遭っているのは、外国が悪い！　アメリカに押し付けられた憲法が悪い！　国家主権を取り戻そう」というストーリーを流して、騙そうとしていたということだ。

僕は、立法府の人間として少しでも法律を知っておくべきだと思って、行政書士の勉強をしていたので、幸い憲法の授業もそこに含まれていた。そこで、改めて、今の憲法が、「公権力の暴走を止めて、国民の権利を守る」という主旨の国民に優しい憲法だということを知った。僕らには、基本的人権として、表現の自由、思想の自由、言論の自由など、「政府に妨げられない」権利がすでに与えられているのに、「自分に権利がある」という自覚を持っている人は少ない。

ブラック企業で疲弊しても声を上げる人は少ない。パワハラでも泣き寝入り。安い給料でも文句すら言わない。それは、僕ら日本人が教育の過程で、「文句を言わずに上の者に従う」ことだけを習い、「自分の意見を主張する権利」について学ぶ機会がなかったからだと思う。

そもそも、僕らが学校教育の中で憲法の意義や目的を学ぶ機会は少ない。それは、第一次・第二次世界大戦で何が起こったのかを学校教育でほとんど学ぶ機会がないのと同じで、教育の中で意図的に削除されているのかもしれない。

端折《はしょ》っていうと、日本国憲法の前半では「国家権力を濫用し、国民の人権を侵してはいけない」と決められ、後半では、国家権力が暴走できないようにして、国民の人権が侵されないようにしている。

そう、憲法とは「国民が守る」ものではなく、「国家が守らなければならない」ものだということを僕らは教わらなかったのだ。

国民が生まれながら持っている権利を、国家が公権力を濫用して侵害してはならないというのが基本的人権の本質だ。

みんなに知って欲しいこと。

僕らには権利がある。

幸せじゃないなら、「辛いから助けて欲しい」と言う権利がある。

自分の意見を言う権利がある。

あなたが不幸なら、それはあなただけの責任じゃない。

この社会を生み出した政府に責任があるのだ。

それを問う権利が、言論の自由、基本的人権だ。

この権利を絶対に手放さないで欲しい。
これが、僕らが、無理ゲー社会から幸せを取り戻す最後の武器なのだ。

にゃーにゃにゃ、ワン

僕は基本的人権にだけではなく、基本的猫権、基本的犬権にも配慮している。

日本では年間に四万匹以上の犬や猫が殺処分になっている。

施設に入れられたら、あとは殺されるのを待つだけという動物たちがいるのはすごく悲しいことだ。僕の人生に猫は欠かせない存在で、『Let’s猫』という本も出したくらいだ。プーちゃん、メイちゃんという猫を飼っていたが、離婚の時に元嫁さんに二匹は懐いていたので譲った。たまに元嫁さんがＬＩＮＥで写真を送ってくれるが、見るたびに「また猫と暮らしたいな」と心のどこかで思っていたのかもしれない。保護猫会を視察しに行った時、ある猫と目が合った。

その猫は黒目がちな目で僕を見つめ「にゃー（こんにちは）」。

猫語を操る僕は「にゃー（こんにちは）」と返す。

「にゃにゃにゃー（あなた、私と住んでみない？）」

「にゃーにゃにゃにゃ（条件は何？）」

「にゃーにゃーにゃにゃ」

「にゃー」

「にゃにゃっ」

「この子は多頭飼いで崩壊してしまったところをレスキューしたんです」と突然スタッフが笑顔で言ってきた（その笑顔は「もしかしたら変態野郎ですか？」と言っているように見えた）。

「あっ、失礼しました」

「大丈夫ですよ。この子可愛いですよねー」

うーん。これも縁である。僕は変な奴と思われないように真面目な顔で

「この子を飼ってもよろしいでしょうか？」と聞いた。

そして一週間ほどの審査期間を経て許可が出た。彼女の毛色が大好きな貝類に似ていたので「あわびちゃん」と名付けた。最近、引っ越して部屋に少し余裕ができたので、保護猫を助けに（僕を助けてもらいに）行こうと思う。


僕は、地球に生まれた全ての人に幸せになって欲しいと本気で思っているが、同じように動物たちも幸せにしたい。なぜ僕がそう思うようになったかというと、昔、某テレビ番組の地方ロケの企画で豚ロディオというものに挑戦した時に悲しい思いをしたからだ。

牛のロディオのように豚にまたがり、どれだけ乗っていられるかを競うというものであるという。ロープを直接豚の首にかけて落ちないようにロープを握ると教えてもらった。「直接ですか？」と聞くと、そうだと言う。落ちないように強く引っ張るので豚の首が閉まり、チョークスリーパーの状態になり豚は暴れる。僕は格闘家として人の首を絞めることに躊躇したことはないが豚の首を絞めるのには躊躇した。

テレビロケなので辞退するわけにもいかず何とかやったが、やりたがらない豚に人間が蹴りを入れている姿に悲しくなった。それからしばらく豚が食べられなくなった（意外と繊細なのよ、僕）。

自治体としてこのようなイベントをやって町おこしをしたい気持ちはわからなくもないが、人間のエゴで動物に迷惑をかけるべきではないと思う（その後、このイベントは廃止になった。廃止を決定した実行委員会の決断に感謝したい）。

このような経験からアニマルウェルフェア（動物福祉）を意識するようになった。

委員会では一般質疑という、自分の好きな質問ができる時間がある。多くの議員は自分の支援団体が求めるものや、悪くいえば票に繋がる質問をしがちである。僕は特に支援団体もなく党の縛りもなく、好きな質問ができるのでアニマルウェルフェアの質疑を頻繁にしていた。

アニマルウェルフェアといえば、串田誠一参議院議員はガチの動物愛護人間で、全ての動物愛護系議連の中心である。

政治家には、職業として政治をやっているいわゆる「政治屋」と言われる人もいれば、政治生命をかけて何かを成し遂げたい政治家もいる。串田さんは人生を動物に捧げていると言っても過言ではない政治家だ。

普段はとても優しく穏やかな人だが、質疑になると弁護士ということもあり、大臣相手にも「動物ＬＯＶＥ」でガチで問い詰める。正直、これまでの大臣はアニマルウェルフェアに興味を示さなかったので（口調でわかる）、質疑と大臣の答弁の温度差は「冷静と情熱のあいだ」どころではなかった。

そして驚くべきことを知った。「二連」と言われる選挙ポスター（政治家本人と仲間の政治家二人で載っているポスター）があるのだが、日本維新の会所属の串田さんは、本来ならば吉村洋文大阪府知事や馬場伸幸代表と二連にするところ、なんと犬との二連ポスターにしたのである。

もう一度言う。「犬」だ。一つの論点や問題点を争点とする議員も、究めればすごい力を発揮することを教えてもらった。

まさしく「ワン」イッシュー。

僕は、地球に生まれた全ての人に幸せになって欲しいと
本気で思っているが、
同じように動物たちも幸せにしたい

国民にお金を出せ

政府のお金の使い方に不満がある人は多い。

国民にお金を使わずに外国や外資系企業のためにばかりお金を使っているからだ。たまに、日本で新規事業や、公共事業に投資をしたなとうれしく思っても、だいたい、そういうお金は外資系企業や重鎮政治家のお友達企業に流れるのが常だという。

政府が無駄遣いをしていると思ったのは、二十代前半の頃だ。

その頃の僕は、すでに格闘家としてある程度の収入を得ていたが、就職氷河期だったので高校の時の友達なんかは明らかに仕事に困っていた。非正規雇用が増えた時期だし、低賃金・重労働というブラックな環境で働くか、マシな仕事を探しつづけて定職につかないという人がけっこう多かった時期だ。ニートと呼ばれる無業者が増えて社会問題となり、政府もついに重い腰を上げたのだけど、それが本当にダメダメだったのだ。

たとえば、雇用問題を解決するためと称して「私のしごと館」という箱モノを五八一億円かけて作った。え、そんな予算があったら仕事に役立つスキルをつける講座をもっと拡充するなどすればいいのではないかと思った。どうして、この国は正しいお金の使い方ができないのだろう。

無駄遣いは、五八一億円では終わらなかった。

毎年、その維持費のために二十億円の赤字を垂れ流し続けたのだ。

そして、雇用問題は解決したのかというと、そんなはずはない。

「私のしごと館」は京都と奈良の境界にある。お金がない無職の人たちが、展示を見るために日本全国から高い電車賃を払ってそんなところまで行くわけがないのだ。

ダイエット中の人が「新横浜ラーメン博物館」に行かないのと同じである。「私のしごと館」は、何百億円もかけて真顔で作られたが、廃れて閉館を迎えた。「私のしごと館」で働く人たちはおろか、「私のしごと館」自身もお仕事がなくなるというシュールな終わり方だ。

これは、「政治家がバカ」だからではなく、政治家と建設会社の癒着で「箱モノ」を作って、いい思いをしたかっただけだったのだろう。

積極財政と一口に言っても、政府がお金の使い方に対して公正に取り組まないと意味がない。どういうお金の使い方が効果があるのかという議論の前に、まずは、消費税減税で「国民にお金を返す」ことをするべきだと思う。政府が賢いお金の使い方ができないなら、国民に賢く使ってもらう方がいいに決まっているからだ。

原油高は減税で

二〇二二年二月に始まったロシアによるウクライナ侵攻の影響から、天然ガスや石油価格が上がり始めた。アメリカを中心にロシアに対する制裁が声高に叫ばれ、ロシア産の天然ガスや石油をボイコットするように提案された結果、ガソリン高というしわ寄せが国民に襲い掛かった。

日本は、化石燃料のほぼ全てを輸入に頼っているため、日本経済は為替変動以上に燃料高に弱い。石油高は即ガソリン価格に跳ね返り、運送業や地方の車社会に対するネガティブなインパクトは大きい。

国民生活をガソリン高から守るために、二〇一〇年のガソリン価格高騰の際にはガソリン税の上乗せ分の徴収をやめる「トリガー条項」と呼ばれる減税措置を講ずる要件が設けられた。レギュラーガソリンの平均価格が三カ月連続で一リットル当たり一六〇円を超えたらという条件で、ガソリン税上乗せ分一リットル当たり二五・一円を減税できるようになった。

ところで、なぜ「上乗せ分」と呼ばれているか気になったと思う。

元々ガソリンには「二八・七円」のガソリン税がかかっているところに、追加で二五・一円が課税されるので「上乗せ分」と呼ばれているのだ。ガソリン本体価格に「消費税」が乗せられて、「本来のガソリン税」を払い、さらに「上乗せガソリン税」を払うという構造になっている。そう、僕らは政府に何重にもピンハネされている。

そして今、僕らの国は給料が上がらないまま、消費税増税、物価高に見舞われ、そしてガソリン高騰という三重苦を背負わされているのに、この「トリガー条項」は政治的な都合のために凍結されたまま使えないようにされている。

自民党は、トリガー条項を使わずに石油元売り会社に補助金を出すことを決定し、二〇二三年一月から九月まで、約一・九兆円ものお金が企業に流れた。原口一博衆議院議員によるとトリガー条項で減税すれば財源は「約一・五兆円」で済んだという。その差は、約四〇〇〇億円。なぜ、国民を救うのに、国民からお金を集めて、余計な出費を乗せて一部の企業に配るのかと疑問を抱くと思う。

この仕組みを作った人たちは、「なぜ、四〇〇〇億円もの無駄な出費をしたのか」、国民に納得のいく説明ができないだろう。一部で言われているのは、企業や団体にお金を流して、そこに関わった人たちが議員に何らかの御礼をしているのではないかというストーリーだが、証拠はないものの、そう疑われても仕方がないと僕は思う。

直接、トリガー条項を発動させれば、企業に補助金を出すよりも少ない財源で効果的に国民を救うことができる。減税をすれば、多くの国民が幸せになれるのに、国民からお金を巻き上げて、配りなおすというスキームに政治家が固執するのはおかしいだろう。

今、立憲民主党と国民民主党がトリガー条項凍結の解除に向けて共闘できるか否か話し合っている。政党政治に固執せず、国民を救える政策で一つでも共通認識が持てるなら積極的に党や派閥を乗り越えていくべきだと思う。

大事なのは、メンツより国民の幸せを守ることだから。

どうして、この国は正しいお金の使い方ができないのだろう

子供たちに
オーガニック給食を！

国会議員になると、どこかの委員会に所属する。

委員会は、十名から四十五名程度の少人数の委員で組織され、テレビでよく見る広い本会議の審議に先立って法案などの議案の内容を詳しく検討する予備的審査機関である。自民党や立憲民主党など各会派が選び終わって枠が残っている委員会が、他の一人会派（無所属議員など）に回ってくる。無所属になった後、農林水産委員会と財政金融委員会が三枠ずつ残っていた。実は無所属議員たちは委員会を選ぶに際して、希望が被ればくじ引きで選ぶことになる。僕は食に携わる仕事をしていることもあり農林水産委員会を選びたかったので、同じ無所属で一人会派の堂込《どうごみ》麻紀子さんや参政党の神谷宗《そう》幣《へい》さんに「どちらの委員会希望ですか？」と連絡して聞いてみた。「農水ですかねー」と、みんなもろ被りだった。

くじ引き当日。

ある意味、運だけで人生を乗り越えてきた僕は、念を込めてくじを引くと、運良く農林水産委員会になった。食は人生のテーマだ。

農林水産委員会の所属になったある日、理事たち（僕はオブザーバーとして参加）と埼玉県小川町の有機農家、霜里農場へ視察に行くことになった。霜里農場の金子美登《よしのり》さんは有機農業のレジェンドとして存じ上げていたが、お会いすると立ち姿、表情がグレイシー柔術の創始者エリオ・グレイシーにそっくりであった（レジェンドって風貌が似てくるのだろうか）。

そんな霜里農場で、ある事件が起きた。金子さんが農場の説明をしてくれた流れで、農場にあるトイレに触れた時の出来事だ。そのトイレは三層に分かれていて微生物が汚物を分解してくれるとのこと。徐々にきれいになっていくプロセスを見せてくれてから、金子さんがこう言った。

「これは最後はしっかりと濾過されるので飲んでも大丈夫だよー」

笑顔の金子さんはコップを取り上げた。

「さすがは達人。冗談もきついなぁ」と思っていたら本当にタンクからその水を汲み取った。

僕はその時「やばい」と思った。体育会系で育った僕としては、こういう時は一番下っ端である自分が先輩たちに「おい元気、飲んでみろよ」と言われると思ったからだ。しかもその水、まだ若干、黄色い気がした。こんなの飲む人いないだろうと思っていたが、参議院農林水産委員会の長谷川岳委員長（当時）をはじめとする自民党の理事の先生方が、どれどれと言いながらその水を飲んだ。「プファー。うめぇ」とは言わないがまるでテイスティングをしているかのように平気な顔をして飲んでいる。「それ知らない人のおしっこだよ……」と心の中で呟いた。僕はその時、初めて自民党の強さの秘密を知った気がした。

と言いながらも帰り際、農場で働いている方にトイレの水を飲んだことを話したら、「えーあれ飲んだんですか。私たち飲んだことないです」と言って、先生方が無言になったのを覚えている。

決して、国民にリサイクルおしっこを飲めという意味ではないので安心してくれ。

さて、僕が取り組んでいるのはオーガニック給食だ。

世界の有機食品市場は拡大を続けており、有機農業の取組面積も大きく増加している。

日本でも、有機農業の取組面積は増えてはいるが、全耕地面積に占める割合はわずか〇・六％にすぎない。二〇二一年時点で、オーガニックが盛んなヨーロッパではイタリア一六・七％、ドイツ一〇・八％、スペイン一〇・八％と、日本の〇・六％に比べるとはるかに進んでいる。

政府は二〇五〇年までに二五％という目標を掲げたが、その頃には現在の担当者も農林水産省にはいないはずである。誰も責任が取れない、取らなくてもいい状態であるので、そこら辺をやはりしっかりと固めていかなければいけない。投げっぱなしジャーマンではなくカウント3まで取る必要があるのだ。

「絵に描いた餅」をどのようにして本物の餅にするかというと、「学校給食のオーガニック化」が突破口になると思う。

これには様々なメリットがある。

有機食材を国として恒常的に支援していくことは、同時に、自治体の財政事情に左右されない「学校給食の無償化」にも繋がり、子供たちの食料安全保障ともなる。安心して子育てできる環境になれば、人口減少を防ぐことにもなる。

有機米の栽培技術はすでに確立されており、千葉県いすみ市では慣行農業（化学肥料と農薬の使用を前提とした栽培方法）から有機農業に移行して給食の有機米使用率一〇〇％を実現した。そのノウハウを横展開していけばいいのだ。また、「全国の水田の二％で有機米を生産すれば、全国の学校給食に必要な量をまかなえる」との推計もあり、やらない手はない。

僕は学校には馴染めなかったと書いたが、給食と好きな子のおかげでドロップアウトしないで済んだ。

子供たちには、美味しい給食を楽しみにして学校に行ってもらえるように努めたい。

今の子供たちが有機米を食べて育っていけば、一〇年後、二〇年後には、その楽しい思い出とともに有機農業を支える意識を持った消費者になっていくのではないか。そうすれば二〇五〇年での有機農業の取組面積二五％達成も夢ではないと思う。

食という日本文化

某政治家がパーティー券販売での裏金作りは「日本の文化」と取材で答えて、石田純一氏の「不倫は文化」発言を思い出した。日本国民の僕にとって胸を張って世界に誇れる文化は「食」だ。

文化といえば日本酒の勉強会を議員会館で開催したことがある。僕は一応、唎酒師《ききさけし》と酒サムライという日本酒のアンバサダーをやっている。

有機加工食品のＪＡＳ規格の対象に有機酒類が追加されたこともあり、「有機酒類」をテーマにたくさんの蔵の方々に参加していただき、新政酒造、新澤醸造店、はせがわ酒店の担当者に日本酒の魅力を語ってもらった。

開催した時「やはり『食』や『酒』に党派はないなー」と感じた。なぜならこれまで絡むことのなかったような議員が参加してくれたからだ。

勉強会後の懇親会（これが目当ての人がほとんどだったかも）では蔵人と議員が一緒にお酒を飲んだが、基本的にみんな強かった。特に小宮山泰子衆議院議員がザルのように飲む姿を見て感心した。みんながお店を出ても一人で最後まで酒を飲みきる後ろ姿はまさしく酒豪だった。

僕は比例区で当選し、支援団体などもないので、「行かなければいけない飲み会」に呼ばれることはほとんどないが、多くの議員は忘年会、新年会のハシゴがザラにあるらしい。

以前、落合貴之衆議院議員と飲み会の話をすると、「一年のうち三六〇日は有権者と飲み会ですよ」と言った。

中谷一馬衆議院議員も「新年会一日十軒なんかは余裕であります」とのこと。「新年会十軒」は信じられないがどうやら本当らしい。

ちなみに、僕のハシゴでの最高は七軒である。昔、『ちちんぷいぷい』という関西の番組で準レギュラーをしていた時のことだ。「大阪のお店とかあまり知らないんですよね」と桂ざこばさんに言ったら、「ほな案内したるわ」と言っていろんなお店に連れて行ってもらった。大阪独特のお店を紹介してくれたが、一軒の平均滞在時間は五十分くらいだったと思う。新幹線の時間を気にしていたら、「うち泊まってけばええやん」と言ってくれて稽古場に泊めてもらったのはいい思い出だ。

　七軒のハシゴも忙しかったが、一日十軒となると滞在時間は一軒につき三十分ほどでなかなか大変なのが想像つく。

　選挙で勝ち続けるためには、みんなそれぞれいろんな努力をしているのだ。

ホタテのひもVS カップラーメン

世界各国がそれぞれの食文化を誇っているが、今、世界では食にまつわるいろんなことが変な方向に向かっている。

ＳＤＧｓで環境を守るために、合成ワインも推奨され始めている。要は、単なる化学物質の集合体だ。タンパク質源が不足するのを補うためにコオロギを育てようとか、牛のゲップにはメタンガスが含まれていて環境に悪いから培養肉の技術を高めようとか、なんだか本末転倒な話ばかりだ。『ガリガリ君リッチコーンポタージュ』のように非論理的な発想で生まれたように見えるヒット商品もあるが、それとは訳が違う。

培養肉は、動物の肉の細胞を工場で培養して、動物を育てたり殺したりすることなく製造して食べられるという触れ込みだが、身体に害がないのかどうかまだわからない。今すでに市場に出回っているソーセージや合成の肉などは、接着剤や添加物がたくさん入っているので身体に良くないと言う人もいるくらいなのに、人工的に培養された肉が果たして健康に影響がないのかというところはまだ検証されてもいない段階である。

イタリアでは、二〇二三年十一月に培養肉や合成食品の生産販売を禁止する法案が可決した。それは、「イタリアの食文化と消費者の健康を保護する」ことが目的とされているからだ。さすがはイタリア。日本も、培養された肉、合成された食品などを禁止して、日本の土地で愛情を受けて育った家畜や豊かな海産物を大事にする法律が必要だと思う。

日本には優れた農業、水産業の存在があり、何千年もかけて培ってきた食文化を簡単に捨てるわけにはいかない。僕は、農業や水産業を守っていきたい。食こそが日本が誇る「文化」だからである。

日本の食文化にこだわる理由がもう一つ。

それは、日本食が、僕たち日本人の健康な生活に欠かせないものだからだ。政治家になって何年も経つが、僕の食生活を見る機会がある人からは「やっぱり、アスリートなんですね」と言われる。アメリカのリンカーン元大統領が「四十過ぎたら自分の顔に責任を持て」という名言を残しているが、顔はその人の人格や生きざまが表現されるわけだから、日々、自分の精神を鍛えていく責任を持たないといけないという意味だろう。

その一方で、身体は何を表すのかと考えると、「生活」だと思う。「顔は性格を表し、身体は生活を表す」

毎日、いい加減な食生活を続け、運動しない人はそれ相応の身体になっていくが、そうなってくると、スキャンダルで週刊誌に写真が載った時に「団体や大企業から接待漬けの日々だったんだろうな」と国民に捉えられてしまうかもしれない。決してそうでなくてもだ。

どういう生き方をするのかは人それぞれだが、僕は自分が将来、どんな人間になるのかというイメージを持って、日々の生活をコントロールして身体を作るように心掛けている。ただし、政治家になると夜のお付き合いが増えるのも事実だ。そこで朝食は玄米、納豆、有精卵、味噌汁、昼は玄米とお刺身を食べてバランスを取っている。玄米や野菜は有機のものである。

一時期、ランチでホタテのひも五〇〇gを数ヵ月間毎日食べ続けたことがあった。

「僕って変ですかね？」と中学からの友達で秘書のミコガイくん（一〇八kg）に聞いてみた。

「今更ですか。他の人に見られたらドン引きですよ」

釣り好きのミコガイくんは釣り針を作りながら言う（毎週末釣りに行く彼は、昼休みはいつも釣り針を作っている）。

「うーん。美味しいけどな」

「身体に悪いですよ。普通の人なら腹壊します」

「少し食べてみますか」

「いりません」

釣り針の仕掛けを作り終えた後、ミコガイくんはカップラーメンを食べて呟いた。

「カップラーメンはやっぱうめー」

僕は、農業や水産業を守っていきたい
食こそが日本が誇る「文化」だからである

料亭と右手

食といえば国会議員たちの食についてお話ししたい。

「料亭などで密談をして話が色々決まる」というイメージはないだろうか。それは今も昔も日本も海外もさほど変わらないと思う。選挙区に帰った時や有権者との会食の時は普通の居酒屋やレストランだろうが、議員同士では多くの場合、料亭ではないが個室で会食する。

気を抜きながら食事したいというのもあるし、今後の相談、悩み、ゴシップ、エグい話まで様々な会話がなされることがある。

エリアは国会から近いところになり、銀座、新橋、六本木、麻布、四谷などが多いが、ダントツは赤坂だろう。国会から近いし、議員宿舎があるからだ。飲んだ後に歩いて帰れるのはいいもんだ。

和食は多いが寿司は意外に少ないと思う。寿司の醍醐味はカウンターなので、それだったら違うところにしようみたいな空気になる。気を使わない議員仲間ならカウンターでもいいが、やはり個室があれば個室になることが多い。

僕の仲間で美食家の議員がいる。その議員と行く店はたいていむっちゃ高い。普段僕が飲みに行くと五〇〇〇〜八〇〇〇円くらいだが、その人と行った松茸を出すお店が六万円（一人）くらいだった時は驚いた。高級ワインを飲めばすぐにそのくらいになるが、そうではないのだ。

そこで聞いてみた。

「けっこう高いところに行くんですね」

「普段から行くわけではないんですが、人間三大欲求のうち私が満たすことができるのは食欲だけなんです」

その議員は十二時に寝て朝五時に起きて活動。愛妻家としても知られており、女性関係はクリーンだという。

「食事なら好きなものを食べても文句は言われませんから」

「でも先生は若いしモテそうですから、適当に、バレないように遊んでないんですか？」

と僕が聞くと、神社のおみくじで「小吉」を引いた時のような微妙な顔をして首を横に振った。

「すごいなー。性欲はどうやって抑え込んでいるのですか」

「抑え込んではいません」

「ではどうするんですか」

「右手です」

「え？」

「黄金の右手です」

「おす」

僕はその議員の決意性に感心した。

タネを守ろう

黄金の右手といえば、タネが問題だ。

種子法が廃止になり（二〇一八年）、種苗法が改正された（二〇二二年）。

僕は、今後の我が国のタネを心配している。

実は、日本では野菜のタネの自給率が約一割なので、有事が起こらなくても外資系企業から日本へのタネの輸出が止まれば一瞬で食糧不足になる。

国民のタネの知的財産権を守るために作られた種子法がＴＰＰのために廃止された。これは外資系企業が日本でビジネスをやりやすくするためのものであって、国民にとってのメリットはどこにあるのだろうか。そして、グローバル化の波に飲み込まれる形で、日本の種苗法も改正となった。これで、種子の九割を輸入に頼る日本の農家は、毎回タネを外資系企業から買わないと訴訟で潰されるようになってしまった。

もちろん、知的財産権が適切に守られることで、タネの開発者は、次の品種開発へのインセンティブを持つことができる。より美味しく、より強く、時代のニーズに合った品種が生み出されることは、農家の手取り収入の向上、そして、消費者の生活に豊かさをもたらしてくれるかもしれない。

しかし、種苗法には、「登録品種の自家増殖を許諾制とする」という内容が含まれている。政府は「許諾をもらえば禁止ではない」と説明しているが、もし開発者から「いいよー」と言われなければ、あるいは、もし高い許諾料を支払うことができなければ、「農家のタネの再利用を一律禁止する」ということを意味すると受け取らざるを得ない。

昔から農家の「タネとり」が地域の気候風土に合った品種を育て、地域農業を支えてきた。改正前の種苗法でも、開発者と農家の「権利のバランス」

が図られていたが、改正によって開発者側へ一方的に有利な法律になり、日本の伝統農業が失われていく可能性がある。

今回の改正の目的について、政府は、主に「種子の海外流出を防ぐため」と説明している。本当にそうなのか疑問が残る。


海外流出といえば、中国でディズニーや日本のアニメのパクリのアミューズメントパークができたというニュースを見たことがある。僕も海外流出を経験したことがあるので、そのことを書こうと思う。

今も存在するかわからないが、広東省に生活雑貨を扱う「メイソウ」というお店があった。このお店は節操なく日本のお店のいろんな要素をパクって日本のメディアでも取り上げられた。

このお店は、名前やビジネスモデルが「ダイソー」に、ロゴや店舗デザインが「ユニクロ」にそっくり、取り扱う商品が「無印良品」風という「自社さ連立政権」を彷彿させるものだった。そしてなんと、この「メイソウ」のプロモーションビデオに、僕らのWORLD ORDERのダンス映像と楽曲が使われていた。

アーティストにとって広告料というのは収入の大半を占める（意外と知られていないが、実はライブとかは全然儲からない。むしろ赤字になる時がある）。お金を払わず無断で楽曲などを使用するのは日本ではありえないことだ。実際に困ったがどうすることもできなかった。ただなんでも強引に、ポジティブに捉える僕は「日本のメディアが取り上げてくれたのでプロモーションになって良かった」と解釈した。

他にもWORLD ORDERの楽曲配信をしようと準備していたが、配信会社からこの曲は配信できないとの連絡があったことがある。なぜかと聞くと「すでにこの楽曲は配信されている」と言われたのだ。調べてみると、知らない外国人が僕らのグループと違うネーミングで、僕らの楽曲を勝手にYouTubeからダウンロードして世界配信していた。なかなか著作権問題は難しい。

世界はグローバリズムや新自由主義からの脱却を図り、自国を守る方向に舵を切っているように思える。しかし、それとは対照的に日本はグローバル企業の権利を優遇して世界の流れに逆行しているように感じる。

そもそも農業は「どうやってもっとお金を儲けるか？」というスキームで論じられるべきではないように思う。国民が飢えないように、どんなことがあっても安定的に供給されるような仕組みの中に置かれるべきである。その意味で、農業は社会的共通資本ではないか。私的な営利事業ではあるが、公共的な営み、社会的な責任を担った事業として捉えられるべきではないか。

僕自身、世界規模で起こっているグローバリズムの流れは必然であって、良いことだと思っていた時期がある。

しかし、「何かが違う」と気がついたことがWORLD ORDERのコンセプトへと繋がった。

日本はNEW WORLD ORDER、いわゆる新世界秩序に飲み込まれつつあり、独自の文化を失いつつある。もちろん、世界各国に素晴らしい文化が存在するが、目指すべきは「共存共栄」だと思う。

ところが、グローバル大企業と、日本のローカル中小企業や個人との間に軋轢が生じている。無論、大きい方が強い。

政治家となった今は、これらの問題を政治で変えられると信じている。

格闘技振興議員連盟を発足

無所属になって初めて自分で議員連盟を立ち上げた。格闘技振興議員連盟だ。

僕は格闘家だったということもあって、格闘技界に多少なりとも恩返ししたいと思い、元プロレスラーの馳浩衆議院議員（当時）に相談しに行った。

「格闘技の議連を作りたいんですが……」

「わかった、俺が会長やるから、元気先生は事務局長やって」

「おす」

話は馳さんのジャイアントスイングのようにスムーズに回った。

会長の馳さん、公明党の太田昭宏前代表（京大相撲部出身）、野田佳彦元首相（柔道の有段者）、国民民主党の榛葉《しんば》賀津也《かづや》幹事長（リアルジャパンプロレスコミッショナー）、そして僕という絵面《えづら》的にかなり濃いメンバーが発起人になった。メンバーが揃った時、『グラップラー刃牙』の板垣恵介先生にこの絵面を描いてもらったらどんな感じになるのだろうと想像した。

余談だが、この議連を設立する際、発起人である野田さんにご挨拶に行った。顔の大きさと目力がすごくて歌舞伎の人気役者のようで、「さすがは元総理」と圧倒された。そんな野田さんはスピーチのうまさで有名である。

以前、伊藤俊輔衆議院議員の結婚式に呼んでいただいたことがあるのだが、その結婚式で野田さんは主賓の挨拶をした。ウェスティンホテル東京に多くの政治家たちが集まる中、声のトーン、間合い、感動のクライマックス、その全てにおいて抜群。歴史的瞬間に立ち会ったような気分になった。スピーチが終わった瞬間、「やっぱうまいなぁ」「プロだ」という声が上がり、「もうこれは芸だね」という隣の議員の言葉にうなずいた。政治家は「弁士」ともいわれるように、スピーチのスキルは必須である。

連盟の設立後しばらくして、馳さんが石川県知事に出馬するということで衆議院議員を辞任された。会長不在の宙ぶらりんのままでいくわけにはいかないので、馳さんが当選した後、ご挨拶も兼ねて石川県庁に行った。

馳さんは相変わらず鍛えており日焼けしていた。いつでもリングに上がり、戦える準備をしているようであった。「馳先生、格闘議連の件ですが、どなたか会長を指名してください」と伝えたらすぐに誰かに電話をしてくれた。「議員あるある」だが、すぐその場で相手に電話をする。まだまだ政治の世界は電話文化である。

馳さんは電話をスピーカーフォンにして、相手の声が僕に聞こえるように会話した。その相手は萩生《はぎう》田《だ》光一衆議院議員だった。

「格闘技振興議員連盟の会長やってよ」

「何それ」

二人は親しげに話していた。

その後、東京に戻り、萩生田さんの事務所に格闘技振興議員連盟の説明に伺った。部屋に入ると萩生田先生と秘書らしき人が一緒に待っていたが、二人とも身体がでかい。

萩生田さんはスーツを着た「サモアの怪人マーク・ハント」みたいで格闘技振興議員連盟の会長に相応《ふさわ》しい方だと思った。これだけの肉体を持っているならどんな格闘技をやっていたんだろうと思って聞いてみた。

「先生は何の格闘技をやられていたんですか」

「やってないよ」

「……おす。でも、喧嘩はむっちゃ強そうですね」と言おうと思ったがやめた。その後、噂で若い頃にタイマンを張って別の高校の番長をのしてきた漢《おとこ》だという話を耳にした。やはり。とにかく萩生田さんは会長職を引き受けてくれて議連は再開できたのだった。

ゲームリゾート、どう？

カジノってどうだろう？

僕は格闘技でアメリカに留学していた時に、親のお金でギャンブルをして大損したことがある。あの時は円安だったので留学費がべらぼうに高く、ギャンブルでスってしまい本当に申し訳ない気持ちになった。それ以降、「どうせ賭けるなら自分の人生に賭けよう」と思いギャンブルはほとんどやらなくなった。

若いうちは死なない程度に痛い思いをしておいた方がいいこともある。

さて、日本は一部を除きギャンブル禁止だったが、特定複合観光施設区域整備法（いわゆる「ＩＲ法」）の下で運用される限りにおいて、合法となった。

しかし日本にはカジノのノウハウがないからということで、外資系企業を誘致した。カジノで外資系企業を儲けさせることが経済成長に繋がるだろうか。そもそもカジノよりも、日本企業が得意な「ゲーム」があるではないか。

昨今の半導体市場を牽引した要因の一つは、ｅスポーツだ。ｅスポーツが世界で大流行となり、ハイパフォーマンスコンピューティングが堅調に伸びてきたのだ。今の日本は半導体製造が弱いが、そもそもゲーム産業が世界に発信できたのは、エレクトロニクス産業や、コンピューター、ゲームソフトウェア、半導体分野での基礎技術力が高いためである。

僕が格闘家としてトリッキーに戦えたのも『ストⅡ』や『バーチャファイター』をやってイメージを作ることができたおかげだ。

ｅスポーツはコンピューターゲームの高いプレイ技術を持つアスリートが、

参加費を払って賞金を競う若者向けのスポーツだ。成長分野として注目を浴びており、その市場規模は二〇三〇年までに一兆円に達すると見込まれている。世界中で流行し、年に約二〇％超えの成長を示す分野なんてそうはないのだが、日本がここでのプレゼンスが低いのは「参加費を払いeスポーツの大会に出場して、賞金をもらう」システムが「賭博罪」と見做《みな》されるリスクがあるためだという。

　であるなら、ＩＲ法の下でeスポーツを開催すれば済むのではないだろうか。

　稼げるスポーツとしてゲームを推進し、若い人たちにチャンスを提供し、そして、プロが参戦できる試合だけでなく、アマチュア向けの試合や普通のゲームも楽しめるゲームリゾートの方が日本らしいと思う。

　eスポーツは画面にかじりついて身体に悪いと思うかもしれないが、そういうものだけではない。自動車メーカーが使うような運転シミュレーターを使いこなすのに、ある程度の身体作りも必要だし、ダンスゲームやミュージックゲームなどは相当の運動量である。昔流行ったビデオゲームから、最新のものまで用意することでいろんな層の人が集まって遊べる場所となるし、プリクラや子供用のゲームも導入すれば、ゲーマーだけでなく、カップルやファミリーまでもターゲット層となる。

夜はお酒を、週末はゲームコスプレイヤーが集まって遊べる場などを提供すれば、盛り上がると思う。ダンスゲームやミュージックゲームは、プレイしているところを全世界に配信して、アーティストを目指す人たちが世界中のエージェントと繋がれるようにしておけば、才能はあるのに埋もれている人たちに活躍の場を与えることもできる。

そして、儲かるのはプレイヤーだけではない。

ゲーム企業のハードウェアやソフトウェアも売れるし、自動車メーカーが開発しているシミュレーターもゲーム版に転用して世界に売り出せる。そうすることで、エレクトロニクス産業やＩＴ産業に従事する人にもチャンスが回ってくるし、自動車メーカーもリアルな体験をコンテンツとして販売することで、日本車のプレゼンスを世界でさらに上げることができる。ダンスゲームには半導体センサーが必要だが、今でも半導体センサーで日本は世界最大のシェアを誇っている。

日本の強みはなんといってもサブカルであろう。

日本人（特に若者）がカッコいいと思っているものは、その多くが海外で流行ったりメインストリームだったりするカルチャーだ。もちろん国内でウケる分にはそれでいいのだが、相当なクオリティで表現しなければ海外では魅力的に映らないであろう。

韓国のように国策でエンターテイメントに力を入れて世界をマーケットにできれば状況は変わるだろうが（韓国の人口が日本の半分という国内市場の規模の小ささがそうさせたのだろう）、現時点でその雰囲気はないし後手である。それよりもすでに世界に誇れる日本のオタク文化やサブカルに着目するべきではないか。

手前味噌だが、僕が作ったWORLD ORDERが海外でウケたのも、「サラリーマン」の社畜魂と陰謀論を組み合わせたサブカルそのものゆえであった。

サブカルを通して世界に発信できる価値のある日本のコンテンツを広げ、それに伴ってエレクトロニクス産業が強くなる。

ゲームリゾートを作って、自動車メーカー級のシミュレーターを使ったレーシングゲームや飛行機のシミュレーターを駆使したゲームを楽しめたり、『ドラクエ』や『ファイナルファンタジー』『マリオカート』などの名ゲームを世界中から集めて賞金を稼げるようにしたりすると、国境を越えてゲーマーが殺到するだろう。シミュレーター系のゲームは世界各国にフランチャイズ展開し、試合はオンラインで全世界を繋げば、バーチャルにゲームリゾートの世界観を楽しむこともできるし、稼ぐこともできる。

そして、それに必要になるのは、大容量通信インフラと超ハイスペックコンピューターを大量に搭載した、データセンターという巨大ハイテクインフラだ。同じインフラ投資をするのなら、次世代型のビジネスを伸ばすようなインフラを構築するのがいい。ここで超低遅延通信技術が必要となるのは、シューティングゲームやレーシングゲームでは「コンピューターの遅延」が勝敗を左右するためである。

シューティングゲームを体験した人なら感じたことがあると思うが、マシーンや通信インフラのスペックが十分でないと、デバイス側で撃ってもゲームサーバー上に届くまでに遅延が発生し、撃ち落とせなかったり、対戦に負けたりしてストレスをためることになる。ところが、超低遅延通信で繋げば、そういった問題が解決し、全世界がバーチャルにシンクロできるわけだ。そうやって、通信技術開発と次世代型通信インフラに投資することで、地球の裏側にいる人とも超高速で繋がることができれば、シンクロ前提のサービスが利用できるだろう。

一緒に選挙活動をしてくれた今は亡き友人フッキーは映画『劇場版 ファイナルファンタジーXIV 光のお父さん』の脚本を書いた。

「映画すごい面白かったよ。笑いと涙のバランスが絶妙だった」と映画を見終わった後、僕はフッキーに電話した。

「ありがとうございます。これからむっちゃ面白いの作っていくんで、政治ネタ、一緒に作りましょ」

「いいねー。笑いと感動で日本を明るくね」

その後、コロナ禍で、会うタイミングがなく、それがフッキーとの最後のやりとりになった。もう一緒に面白いことができなくなったが、あの映画のように現実世界とゲームの世界を繋ぎハッピーにして、天国にいる彼に喜んでもらいたい。

産業成長の足かせを外せ

日本企業が成長できない足かせの一つに、「償却資産税」と呼ばれる税金があるのをご存じだろうか。

償却資産税は固定資産税の一種で、土地や建物以外の設備投資にかかってくる。

たとえば、建物を改築したり、看板を作ったり、コンピューターや製造機械を導入したりすると償却資産税の対象となる。

それを知ったのは WORLD ORDER を立ち上げて、自分でも映像編集を学ぶために機材を買った翌年のことだ。

ある日、経理から「須藤さん、今年から償却資産税を払います」と言われて、「ショウキャクシサンゼイ？　何だそれは？」と聞いたら、「ザックリ言って、合計一五〇万円以上の設備投資をしたら税金がかかります。建物改装による構築物や、機材などにかかってくる税金です」と返事があった。

僕はおかしいと思った。

機材を買う時に、すでに消費税を払ったはずだからだ。

「機材買う時に消費税はもう払ったはずですから……。安心してください。払ってますよ」

「消費税とは別に払うものです」

「ゲッツ！」

「もう一度言いますが、設備投資の合計が一五〇万円以上だと、消費税とは別にそこに税金が発生します」

「なんでだろ～なんでだろ～」

「なので、設備投資の合計額が一五〇万円以上だったので、今年から、資産評価額の一・四％を償却資産税として払わないといけません」

「ワイルドだろぉ？」

「ちなみに、設備の資産価値がなくなるまで毎年です」

「チッキショー！」

「デバイスは数年ですが、構築物になると十年以上です」

「なぁ～にぃ～やっちまったな！」

「………………」

過去の設備投資によって毎年一・四％も取られ続けたら、下手したら累計で消費税をもう一度払うくらいの金額になる。設備投資に税金がかかるなら、この国は成長できなくて当たり前ではないか。企業の成長は設備投資によって促されるのに、そこに税金なんてとんでもない話だ。

外国ではどうなっているのか調べてみると、アメリカは償却資産税が元々あったが、企業の成長の足かせになるという理由で廃止にした州も多い。

それがなぜ日本にあるのかと聞いてみると、そもそも償却資産税なんて税金は日本に存在せず、戦後、ＧＨＱの思惑で日本が経済成長して強い国になれないようにするために作られた「置き土産」だったということを知った。

朝鮮特需や高度経済成長の時代ならまだしも、三十年間低成長を続ける日本において、企業が設備投資するたびに合計で二割近い税金を取られて成長できるはずがない。

成長を望むなら、企業の設備投資を税額控除の対象とし「設備投資のインセンティブ」を高めこそすれ、償却資産税を取るようなことはしないはずだ。

僕は、ますます確信した。

僕たちが過ごしたのは、「失われた三十年」じゃない。

奪われた三十年だ。それを取り戻すには、アメリカのように償却資産税を廃止して、企業を成長させなければならない。

ワクチンは本当に命を救ったか

新型コロナウイルス感染症が流行して、僕は少し違和感を抱いていた。

多くの場合、病気の時はお薬が出て、ワクチンというのはその後なのに、今回はワクチンが先に出てきたからだ。

しかも、治験が終わっていないという。

しかし、コロナ流行の当初は、ワクチンの入手が他の国に遅れ、与野党共々「我が国に早くワクチンを！」と熱狂的に推進され、多くの人がそれを受け入れていた。

僕は踏みとどまった。僕が強いと言いたいわけではないが、強い格闘家はビビりが多いと思っている。

勝ちが見えない時は、マッチメイクを見送るくらいの「読み」ができて初めて一流格闘家と呼べるだろう。昔の戦は「負けることは命を失う」ということだった。

冷静に考えて、治験が終わっていないワクチンを国民にすすめるなんて、あっていいのかと疑問に思った。

そのきっかけとなったのが、ワクチン接種が始まった頃、ノーベル賞を受賞したモンタニエ博士やファイザーの元副社長がワクチンの危険性を告発していたことだ。

「ワクチン開発を急いだ結果、十分な治験が終わっていない。重篤な副作用が起こる懸念がある」と。

開発に関わったファイザーの元副社長がその危険性を訴えていることに危機感を抱いた。

ところが、日本では「ワクチンを打っていない人間は非国民」ぐらいの勢いで国をあげてプロモーションしていたので、さすがに、ワクチンのリスクについてＳＮＳで言及するのには勇気がいった。あの初期段階でワクチンのリスクについて発信していた国会議員は僕以外ほとんどいなかったと思う。ワクチンの安全性に疑問を呈しただけで、「反ワク」「陰謀論者」「低ＩＱ者」などとレッテルを貼られ、議論すら許されなかった。

初期の段階で周りの友達や仲間の議員に対し、「ワクチンを打つなら、しばらく様子を見た方がいいよ。治験が終わっていないので将来的にどのような副反応があるのか誰もわからないし」とソフトに言った。しかし、納得してもらえなかったので根気強く伝えた。メディア等でワクチンの有効性がかなりプロモーションされていたので、周囲の人を説得するのは難しかった。結局、半分くらいの友人たちは打つのを見合わせてくれたが、国会議員の仲間はほぼ全員打った。

メディアで「ワクチンを一回打てば大丈夫」と宣伝されていたのが、結局その後、「二回で完璧に予防できる」に変化し、「打てば打つほどいい」と政府の説明は二転三転していった。

海外ではさすがに三回目あたりから「本当にワクチンに効果があるのか？」と疑問視されて接種が控えられたが、日本はお構いなしに三回目、四回目の接種が進み、今や七回目に突入した。

そうこうしているうちに悲しいお知らせが来た。僕の高校の同級生がワクチンを打った後、職場で突然倒れ急性心筋炎で亡くなったのだ。その他に国会議員の仲間が、「実は私の子供がワクチン打ってからしばらく歩けなくなり、大変なことになった」「帯状疱疹がいきなり出てきて治らない」など教えてくれた。

コロナ以降、日本人の死亡者数が増えていることをご存じだろうか。

政府が公表した、二〇二二年の死亡者数、前年比の死亡者増加数ともに過去最多で、前年よりも十二万九七四四人も増えた。二〇二三年六月には、あまりにも急激な死亡者数の増加で、火葬場待ちが長期化し十二日も待たされることもあるとの報道が話題となった。

パンデミックがあったから、増えて当たり前かと思うかもしれないが、実はコロナ元年である二〇二〇年ですら、前年比の死亡者増加数はマイナスだった。

高齢化社会のためだという説明をする方もいるだろうが、そういう要素では語れないほどの死亡者数の増加である。

そして、死亡者数が急に増えていることに関して、政府からは明確な答えが出ていない。

あれだけ大騒ぎしていたにもかかわらず、コロナ元年の二〇二〇年には死亡者数が減っているのに、パンデミックが一段落した二〇二二年、二〇二三年に死亡者数が増加していることの真相解明に力を入れないのは、国民の生命への政府の対応が矛盾しているのではないだろうか。

そして、ワクチン被害者への対応も決して誠実とは言えない。

二〇二三年十一月に、朝日新聞から「コロナ禍で30倍に　国へのワクチン被害救済申請　審査追いつかず」というタイトルの記事が出た。

報道によると、ワクチンによる健康被害を救済する制度の申請者数が、なんとコロナ前の三十倍近い年平均二八〇〇件にも上ったそうだ。

審査結果が出るまで四カ月から一年ほど待たされるそうである。

急増したワクチン被害申請数の処理が追い付いておらず、政府側でも四割が未審査で止まっている状態だ。

コロナ禍が始まってPCR検査体制やワクチン接種体制を構築するのに、あれだけ迅速な対応を取ってきた政府が、ワクチン被害者の救済となると遅くなるのはおかしいのではないだろうか。

しかも、この救済申請制度では被害者自身がワクチン接種と被害の「因果関係の立証」を行わなければならない。ワクチン被害申請の認定率は「八割」だと言われているが、実際は、立証を行ってもその多くが申請すら受け付けてもらえず泣き寝入りしているという。

国民の命を救う活動には、こういった問題解決も含まれているのだと政府は認識すべきである。

憲法と条約の間

日本は今、ＷＨＯが提唱するパンデミック条約に署名しようとしている。パンデミック条約と聞くと、「これは新型コロナのような疫病から人類を守る条約なんだ」と思ってしまいそうになる。実際にそう思っている人も多い。

ところが、条文を読んでいくと、これは人類の健康を守るためのものではなく、「ビジネス」だと感じる。

その実態は、病原体を発見した国はＷＨＯとその病原体を共有することになり、その病原体から作られた製薬やワクチンを通じて得た利益の分け前をもらえるという「ビジネス契約」なのだ。そのため政府は、これを「パンデミック条約」ではなく、「いわゆる『パンデミック条約』」と通称で呼び、正式には条約ですらないことをごまかしている。ただ、ここではわかりやすくするために、条約と呼んでおこう。

パンデミック条約の勉強をするＷＣＨ議連において、

「病原体で金儲けをしてもいいのか？」

という質問が出たのだが、政府は「インフルエンザではこのようなビジネスモデルが確立されている」と金儲けが当然かのように答えた。

今、世界各国の加盟国は、この病原体ビジネスで儲かるお金の分け前について交渉している最中だが、たとえ病原体を発見して日本が儲かってもそれが国庫に入るのではなく私企業に入るという。

人類を守るものでもない「病原体ビジネス」に日本が参加することに賛成できるのかというと、僕には難しいとしか言いようがない。

さらに驚くべきことに、公衆衛生のためにと銘打って、監視システムを構築し、デマ防止のために検閲をしなければならないとある。

「デマ防止のために検閲する」ことが条約の中で謳われているのだけれど、日本国憲法では、国民の基本的人権として、表現、言論の自由が保障されている。ただし、「憲法」と「条約」がズレている場合はどうなるのか？

憲法が上か、条約が上か。

その議論は、戦後から今日まで未だに法学者の間ですら決着がついていないという。

僕は、このパンデミック条約に疑問を呈するＷＣＨ議連に入っていて、厚生労働省と外務省に質疑を行った。

言論の自由を奪われたくない。だから、僕は端的に聞いてみた。

「何をもって、デマとするのですか」と。

政府側がなにやらゴニョゴニョと言葉を濁した。

人間が、はっきりと答えられない時は、だいたいやましいことがある。

恋人から、「昨日、夜九時に電話が繋がらなかったけど、何してたの？」と聞かれた時に、慌てふためいたことはないだろうか。はっきり言おう。僕は何回かある。いや何十回もある。仕事だったなら、「仕事」と顔色を変えずに答えられるが、やましいことがあると、焦って意味不明なことを言ってしまうのが男のサガだ。

要は、この条約には「何がデマなのか」の基準がない。

それどころか、パンデミック条約なのに、パンデミックの定義すらない。

何がデマかという定義なしに検閲するのであれば、僕らの言論の自由を理由なしに奪うことになる。日本がこれに署名してしまえば、全ての国民はワクチンパスポートで、どこに移動したのかをデジタル監視され、ワクチンを打っていない人の移動を制限するだけでなく、逮捕することも可能になる。

すでにネット上では、言論検閲が始まっている。

これは、下手するとディストピア条約になりうるのではないかと、僕は危惧している。

選挙がなくなる？

選挙がなくなるかもしれない。

「え、そんなことあるわけないでしょ」

そう思ってしまうような、ウソみたいな本当の話が、今、進んでいる。

二〇二三年の暮れに、政府与党は、裏金を選挙に使っていたフシがあることが大々的にバレて、二〇二四年に入ってから派閥解体の流れになった。当選するために裏金が必要だというのは、普通に選挙に挑めば落選することを意味するのだろう。ところが、裏金なしで権力の座にしがみつくために、

「選挙をなくす」と言い出したのだから驚きだ。

選挙がなくなったらどうなるか。大企業とお金持ちから裏金をもらってい

た人たちが永久に権力の座につき、国家は二度と国民を振り返ることはなくなる。

そのトリガーになるのが、「憲法改正」というトリックである。

政界から流れるプロパガンダの一つに「日本が国家主権を取り戻すには、憲法改正しかない」という論調がある。

確かに日本は戦後、敗戦国として世界から都合のいい財布として扱われてきた。でも、それはいじめられて外国にお金を配っているというわけではなく、巡り巡って大企業経由で政治家に還流する仕組みがそこにはあるのだ。裏金議員らが、国民を欺いて喜んで私服を肥やしているのだ。

そういった裏事情を知らない人たちに対して、「日本人が幸せになれないのは、敗戦国で、国家としての主権がないからだ。今こそ、憲法改正をするべきだ」というプロパガンダを流して憲法改正させようと躍起になっている人たちがいるわけである。

確かに、パッと聞くとうなずいてしまいそうになる。国民の四割弱は年収三〇〇万円以下なのに、インフレ、増税、社会保障の負担増が重くのしかかり、にっちもさっちもいかない状態にまで追い込まれている。そういう閉塞感を抱えている層に対して、一部の政治家が「改憲で国家主権を取り戻そう」とスローガンを掲げたため、それに賛同する人が増えてきた。

でも、ちょっと待ってくれ。

確かに、憲法改正自体は議論の余地があると思う。

だが、冷静になって、彼らの用意した改正案を読んでみると、言っていることとやっていることが全く違うことがわかる。

「緊急事態条項」を新設して、国民から自由を奪い、選挙をなくそうとしているのだ。

緊急事態になれば、国民は国家の言いなりにされ、逆らえば逮捕されるようになる。しかも、緊急事態の定義はない。

首相が緊急事態だと思えば、首相と大臣だけで緊急事態宣言を出せる。

国会の審議を通さないので、国会議員ですら反対する権利がないのだ。

「パンデミックみたいなことが起きれば、緊急事態宣言を出してもいいんじゃないの？」

と思うかもしれないけど、それは違う。

緊急事態になれば選挙までなくなるように作られている。

そうなると、首相、大臣、国会議員の任期を無期限に延長できるようになってしまうのだ。

それって、怖いことじゃないか？

選挙なしに増税政権が永久に続く、「フォーエバー増税路線」という悪夢の実現なんて勘弁して欲しい。永久に、吸血鬼に僕らの血税をチューチュー吸われ続けることになる。

そんな世の中で幸せになるなんて、一部のエリート以外は無理ゲーだ。

増税に苦しんでいる国民が政治を変えたくても、憲法改正で選挙すらない名ばかり民主主義政治がやってくる。

政府は国民にそれと気がつかせないように巧みにB層マーケティングを続

けているので、「改憲は良いことだ」と信じている人が増えてきた。

だが、ちょっと立ち止まって、改憲案を読んで、よく考えて欲しい。

その改憲案では、社会保障の負担増と増税は止まらない。

僕らに、それを止める術はないのか?

ある。

それは、国民投票でその改憲案にNOを突き付けること。

そして、次の選挙で裏金・増税議員にサヨナラを告げることだ。

政治家の責任

ことあるごとに、「官僚が悪い」と省庁が叩かれる風潮に変わってきた。

「この政治家はこう言ったけど、あの官僚が反対して潰された」

あたかも、政治家が正義の味方で、官僚が悪であるかのようなストーリーを、政治評論家がコメントするのを聞いたことがあるかもしれない。そういう解説を聞くと、選挙で選ばれた政治家が行おうとしている政策を潰しているのは、選挙で選ばれていない官僚のせいだという印象を受けるだろう。

でも、なんでもかんでも官僚のせいにするのは、筋が違うと思う。

政策を作っているのはあくまで政治家なので、その政治家には間違った政策を止める力が備わっている。だが現実は、そうなっていない。

そして、今の政治では、官僚が政治家に逆らうことが難しくなったことも見逃すべきではない。

二〇一四年の公務員制度改革で、官邸の意思が強く反映される事実上の裁量人事となり、それが良い面でも悪い面でも官僚の動きを変えたように僕には見える。官邸のお気に入りの官僚を幹部に抜擢することで機動力のある政治が実現できる。その一方で、官邸の神経を逆なでするような提言を行う官僚は更迭の対象となってしまった。その結果、官僚は彼らの知見をもって正しい政策へと導くシンクタンクというよりも、政治家がやりたいことを実現するツールとなってしまった面も否めない。兵庫県明石市を復活させたことで知られる同市の前市長・泉房穂氏のように「責任は俺が持つ」くらいの政治家の下ならばいいだろう。しかし、現実はそうではない。

泉さんは十八歳までの医療費無料化、第二子以降全員の保育料無料化をはじめとした「五つの無料化」で知られているが、これらは明石モデルとして他地域にも広がっている。

僕が初めて泉さんにお会いしたのは「日本の未来を創る勉強会」で講師として来られた時だ。朝八時からの勉強会で二十人近くの議員が参加していたと思う。「どんな人なのかなー」と思ってコーヒー片手に気楽に参加したら先制パンチを食らった。

「政治家が国民に向いてないからいかんのや！」と話して、すぐにトップスピードで捲し立てる。一種の催眠テクニックのような導入で参加者全員呑まれた。政治家の話を聞いて、ここまで引き込まれたのは初めてだった。

泉さんが市長だった時、明石市は前述の無料化などを実現。十年連続で人口が増え税収も増やしたエピソードに加え、これまでのような右や左の対決ではなく、「国民の味方」対「国民の敵」という戦い方に持ち込めば政治の流れを一瞬で変えられると力説した。とてもシンプルであった。

勉強会が終わった後、泉さんにご挨拶した。

「ありがとうございました。とても感動しました」

「お、有名人やね。頑張ってや」と言って名刺をいただいたのだが、明石焼の写真に自分の顔をレイアウトしており、コテコテの関西ノリであった。真剣さと笑いのギャップ。ギャップこそが人の魅力を引き立てるのだろう。

話は戻るが、与党だけでなく野党も官僚との向き合い方を考えていかなければいけない。僕が党に所属していた時、「野党合同ヒアリング」というものに何度か参加した。これは国会審議とは別に政府を追及するものだが、初めて出席して驚いた。議員たちは、質問に対し官僚が曖昧な回答を繰り返すと、「答えになってねーよ」「それおかしいでしょ」と、時には激しく叱責し、時には冷笑していたからだ。

確かに官僚の答弁は答えになっていなかったし、臨時国会召集の要求に応じない政府与党への対抗策として開催してもいいと思う。しかし、野党議員の激しく冷たい言葉に胸が痛んだ（意外に優しいのよ、僕）。官僚の緊張した面持ちからして、自ら進んで隠ぺい工作を行っているというより、官邸の命令に従わなければ自分たちの立場が危ういという風に見えた。

実は、官僚の現場は疲弊している。

官僚の残業時間が過労死ラインの八十時間を超えるケースは少なくない。二十代で三〇％、三十代で一五％の官僚がそれだけの残業をしていることが二〇二〇年に明らかとなった。その割に、彼らの学歴で入社できる民間企業と比べて、給料がすごくいいのかというとそうでもないのが現実だ。

僕は委員会質問前には、できるだけ早めに質問の準備をして、官僚の皆さんが残業しないように努めているが、そういうことに配慮しない政治家がいるのも事実だ。

二〇二四年一月一日に能登半島地震が発生し、一週間ほど過ぎて防衛省の官僚も落ち着いた頃に現場のことを色々とレクチャーしてもらう機会をいただいた。その時に出てきた官僚は、ヨレヨレのスーツに髭が伸びきっていて、「発生からほとんど帰宅しておらず、お見苦しい姿で申し訳ありません」と謝罪されたのだ。

僕は頭の下がる思いだった。

そして、自身の政治家としての無力さを恥じ、もっと学ばなければならないと決意した。国民の命を救うために、帰宅もせずに業務にあたってくれる官僚が働きやすい環境を作るように努めないといけない。

一月二日に、ＪＡＬ機が海上保安庁機と衝突する事故が起こった。あたかもＪＡＬ機長や海保機長、管制官がいけなかったような報道が相次いだが、羽田空港も管制塔も海上保安庁も国土交通省の管轄で、本来なら国土交通大臣がきちんとした説明をなさねばならなかったはずだ。

国交省に問い合わせると、羽田空港の離着陸数はこの十年でおおよそ二倍まで増えているにもかかわらず、管制官の数はほとんど増えていなかったという。そして、正月三が日は九十秒に一機が離着陸を繰り返すほどの過密スケジュールを同じ人数でこなしていたという。まるで炎天下の自動販売機のように稼働していたのだ。

海保機長や隊員も、事故に遭う前に、被災者を救うために羽田と新潟をすでに何往復もして疲弊していた。国交省が推奨する最新のトランスポンダは海保機に搭載されておらず、ＪＡＬ機は海保機からの信号を受け取らなかった。最大の問題は、羽田空港の管制官もギリギリの人数で回していたために、当時レーダーを監視する人がいなかったことだ。それらの複数の要因が重なり、事故へと繋がったのではないか。

これが、現場の責任かと問われれば、僕は違うと答える。明らかに、現場で働く人たちの重荷に対する配慮がない運営だった。

マネジメントの責任を、立場の弱い人に押し付けるべきではない。あの事故の時、政治家は、ＪＡＬ機長と海保機長に労いの言葉をかけ、羽田空港の安全を守るだけの十分な予算を確保しなかったことを謝罪すべきだったと思う。そうしなければ、被災者救助で疲弊する海保隊員と自衛隊員の士気に影響するからだ。

僕は、睡眠不足と過労を押して被災者救助に従事してくださった防衛省、自衛隊、海上保安庁の皆様に感謝の意を表明したい。

僕らの声を政治に反映する方法

誰も望まないような法律が生まれ、条約が結ばれようとしている。

僕が長年抱いてきた、この国に対する違和感。

それは、「僕らの声が反映されていない」ということだ。非正規低収入層は拡大し、若年層の年金受給はどんどんカットされ、消費税は増えていく。その一方で、大企業やお金持ちには減税がなされていく。僕ら、普通の収入で普通に暮らしている人がマジョリティのはずなのに、なぜ、僕らの声は反映されないのだろうか。

その理由を知りたくて、この世界に入った。

結論から言うと、みんなで力を合わせれば勝ち取れる未来を、僕らは自ら捨てている。ニュースで見たと思うが、政治家は企業や団体と癒着して金と票を融通してもらい、そのリターンとして助成金や優遇政策を打ち出している。だから、僕らの声は一切聞いてもらえない。

でも、冷静に考えて欲しい。

この国の企業の九九・七％は中小企業だし、ほとんどの人は億万長者でもなんでもない。

「減税」という共通利益を求めて力を合わせたら、本当は僕らの声が政治に反映されるはずだ。

僕は、「所得倍増計画」みたいな壮大なことは思いつかないが、消費税をゼロにして、みんなが実質的に使えるお金を一割増やす「消費税ゼロで所得一割増計画」なら考えられるし、実現可能だ。そして、派遣社員と正社員を同じ給料にすれば、派遣の所得はさらに三割アップだ。配偶者控除引き上げで多くの女性も一〇〇万円アップだ。

やろうと思えば、簡単にできるはず。でも、国会でこれを通すには僕一人ではできないので、消費税減税に賛同する議員を増やさないといけない。裏金で票を買う議員が当選すれば増税路線になるのは当然で、それを防ぐにはみんなで裏金とは縁がない候補者に投票するしかない。

「消費税減税」に賛同し、党議拘束に縛られない議員を当選させること。それが、僕を含めたみんなにできる未来を勝ち取る戦略だ。


国政選挙の投票率は約五五％しかない。しかも、二〇二二年の参院選の投票率は過去四番目の低さだった。「投票しても無駄」という思いに負けてはいけない。

組織票や裏金による買い票で当選する議員に支配されたくないなら、一人一人が何のしがらみも持たない候補者に投票していくことだ。若い人たちが投票することで、この国の未来は変わる。

そして、僕らの未来を取り戻そう。

観念を捨てる

心に傷を持っていない人なんかこの世にいない。強い人間になろうと探求している僕自身がそうだ。心の傷に捉われて言動や行動が歪んでしまった人たちは「観念を変える」ことが大切である。

僕たちが大人になって思わず構えてしまうことがあるのは、心の中に思い込みが詰まっていて、その思い込みに行動が捉われてしまうからだ。

子供の頃に嫌な体験をすると大人になっても思わず構えてしまう。

多くの人が政治に興味を失ったのは、「政治に興味を持っても良いことはなかった」という観念があるからだと思う。

僕は、自分を苦しめ続けた観念の多くを何とか捨てることができた。

これから、共に幸せになりたいと思っているので、日本の悪い政治で傷つけられてきた人たちにお願いがある。

「政治に関わっても無駄」

という観念を、捨てて欲しい。

政治は、「みんなで幸せになれる武器」なのだ。

だから、悪い政治家を見捨てても、「政治」自体は捨てないで欲しい。

素晴らしい政治家はいるけど、党に縛られて何もできない。

でも、議員は本当は党に縛られているわけではない。

みんなと同じ、日々の生活のための給料と、党の力がなければ落選するかもしれないという恐怖に縛られているのだ。当選するために党の組織票にしがみつく。

経済的に自立していないから、党の力に依存して再選しようとする。

そうして、僕たちの三十年間は「奪われた」のだ。

でも、知って欲しいのは、これからは政党に縛られる政治から、個々の政治家が主導する方に政治が移り変わるということだ。

政治の「金」と「利権」が崩れ始めた。

「政治に関心を持っても意味がない」

そんな観念を捨てて、本当に国民の方に向いている政治家を探して欲しい。

本気で、政治に取り組んできた人たち、たとえば、地方の首長（市長や知事など）がやると言って本気で進めたことは、実現してきている。本当は、政治家が「やる気」を出せば、なんだってできるんだ。

努力しても無駄。何をやっても無駄。

そういう閉塞感は、政治家にも責任があるが、一部はみんなの観念からも来ている。


格闘家は、身体を鍛える一方でメンタルも鍛える必要がある。実力が拮抗している時に「勝」を引き寄せるには、身体以上に精神的なものが大事になるからだ。どんなに不利な状況であれ、「最後は自分が勝つ」と信じて戦っていると勝利のキワが見えてくる。そのためにも毎日、コツコツとトレーニングをこなし、食事に配慮して身体を作り、精神統一して自分の心の弱さを取り除いていく。

だが、政治は格闘技と違うところがある。

それは一人では戦えないことだ。

頭脳と身体を使った集団総合格闘技みたいなものだ。

できないと思ったら、その「観念」がみんなをそういう未来に連れて行く。できる方法を探して、「やればできる」という論理を見つけることで、道は開けてくる。

だから、一緒に幸せになるために動き出そう。

僕は政治家で、これを読んでいる人たちの多くは一般の民間人だと思う。政治家の僕とみんなが力を合わせて、共に戦わないと勝てない。だから、

「一緒に幸せになる」で合っている。政治の世界は一人の力ではどうにもならない。僕はみんなの力や頭脳という助けを必要としている。

新しい観念を持って、共に戦って欲しい。

この世界は「鏡の国」だ。『鏡の国のアリス』を読んだことがあるだろうか。鏡の国では、前に進もうとすると後ろに下がってしまう。前に進むためには、後ろに下がるという逆のことをやらないといけない。

それと同じで、この国を変えようと思ったら、まずは自分を変えないといけない。

この本を読んで、この国や世界を良くしたいと、共に戦ってくれる人がいることを望んでいる。「自分にはできない」と思わないでこの国を変えようと思ったら、みんなも変わろうと努力して欲しい。

国会議員とか一般人とか関係なく、一緒に幸せになれる社会を作っていこう。

「政治に関わっても無駄」という観念を、捨てて欲しい

救国論

僕は政治家になった。


タレント議員だと思われているのは承知している。

ただ、知っておいて欲しいことは、僕はお飾りじゃないということ。

少年時代に抱いた、この社会で生き延びることに対する絶望、僕らを不幸へ導いた時代に終止符を打つために自分でこの道を選んだ。

何もわからないバカな格闘家と罵られたら、僕はそうだと認めよう。

右も左もわからない、でも、何かを変えるために飛び込んだのは見ての通りだ。

上から目線の評論家たち、経験を重ねた政治家たちは、今の滅びゆく僕らの国をどうしてくれるという？

増税に増税が重ねられ、正規非正規という制度に捉われ、僕らは未来が見えなくなった。正規雇用という安定、好きな仕事という夢、そして、愛し愛されるというささやかな幸せまで諦めざるを得なくなった。
「自分の努力が足りないのかもしれない」

生きる意味すら見失いそうな、そんな、虚無感に苛《さいな》まれる日々の苦しさを上級国民は知らないだろう。

社会を変えるために、戦う決意を固めて、僕は、政治という世界のベールを押し開き、二つの声を同時に聞いた。

政府が発表する耳あたりのいいきれいなウソで、探し求めた真実は、ニュースの隙間を埋めるように歪んでしまっていた。

政府が発表する「減税」には裏があり、現実は「増税」へと導かれていく。

愛国者という名の売国奴。
リベラルという名の独裁者たち。
民主主義という名の全体主義。

真実はいつもパラドックスだった。

この時代に、終わりを告げよう。
政府の都合に振り回されるのはたくさんだ。
イデオロギーで分断されるのはゴメンだ。
派閥や政党政治を超えて、
現代の奴隷制度にサヨナラしよう。
眠りのなか目を覚ますときがやってきたんだ。

長く、長く、続いた暗黒時代に別れを告げ、
一歩踏み出していこう。

右でも左でもない世界、
僕らは前へ。

それは、僕らが救われるため、
そして、この国を救うために。

あとがき
母との最後の約束

二〇二三年十二月母が他界した。毎週お見舞いに行っていた介護老人ホームで母の姿を見た時に、「会うのはこれが最後だ」と直感的に思った。ちょうど昔の思い出が詰まったアルバムを持っていったので母に見せながら昔話をした。

そして最後に、「俺は世界を救う男だから任せといて。必ず世界を救うから」と言った。

何のアニメかテレビの影響かわからないが、「世界を救う男になる」が物心ついた頃からの口癖だったらしい。それを聞いた母は僕に何かを訴えかけてきたが、聞き取れなかった。

そして、僕の直感の通り、母はその日の深夜に他界した。

遺体を葬儀屋まで運び、寒がりだった母の足に毛布をかけて「これで寒くないね」と言ったら、母の表情がかすかに微笑《ほほえ》んだように見えた。

「母さん、ここにいるんだね。今までありがとう。頑張って生きてきたね」

僕は、肉体は車のような乗り物で、魂こそが本質だと信じている。だから、肉体を離れてもまた会えると思ってこう言った。

「またね」

母が僕を抱きしめてくれているのを感じた。

母の葬儀の日。忘年会シーズンということもあり、父親は葬儀が終わるとすぐに「店を閉めるわけにいかない。お客さんが待ってるから」と言って店に向かった。五十年も連れ添った女房を亡くして辛いはずなのに毅然と店に向かう姿を見て、僕も一緒に店に立つことにした。

いつも通りにお客さんに料理を振る舞う親父の背中が、「過去の後悔も未来の心配もどうなるものでもない。今という時にベストを尽くすことが生きることだ」と語っているように見えた。

営業が終わり、店を閉めて二人で静かに酒を飲んだ。しばらくすると親父がこう言った。

「母さんが最後に『パパありがとね。一緒にいられて楽しかった』と言ってくれて良かったよ」

「それは良かったね」

僕らは二人で涙を拭った。

今、世界では戦争のために、何の罪もない多くの人たちが、子供たちが、逃げる場所もないままに命を落としている。そんな悲劇に終止符を打つべきだ。日本人だけでなく、この地球上にいる全ての人が救われなければならない。戦争を止めれば、多くの人が自分の幸せを追求して生きていける。どこの国で生まれたとか、肌の色が何色だとか、どの神様を信じるかなんて何も関係ない。

この地球で起こっている全ての戦争という名のビジネスを止めなければいけない。

僕の母のように時が来て天に召されるのではなく、人間が作り出した兵器のために命を落としてしまう悲劇を一つでも減らしたい。減らさなければいけないと思っている。母との最後の時間に彼女に伝えた言葉、「必ず世界を救うから」なんていうのは、四十五歳の男のセリフとしてはバカみたいに聞こえるかもしれないが、あれは僕の心からの言葉だった。

母さん見ててくれ。

僕は世界を救うよ。

令和六年三月八日　須藤元気

須藤元気

1978年3月8日東京都江東区生まれ。関東第一高等学校卒業、拓殖大学大学院地方政治行政研究科地方政治行政専攻修士課程修了。全日本ジュニアレスリング優勝。プロの格闘家としてUFC-JAPAN王者に。「変幻自在のトリックスター」の異名で知られた。引退後、ダンスパフォーマンスユニット「WORLD ORDER」で世界的に活躍。拓殖大学レスリング部監督時代に最優秀監督賞を受賞。現在、中央大学レスリング部GMを兼任。政治家としての目標は、日本国民の幸せを守り、世界平和を実現すること。

メルマガ『僕らの未来通信』
https://mailchi.mp/475941d09377/lbbp1bb5na

ブックデザイン　bookwall　　本文イラスト　須藤元気　　写真　和田英士

減税救国論

2024年3月15日　第1刷発行

著　者　須藤元気
発行人　見城 徹
編集人　菊地朱雅子
編集者　有馬大樹

発行所　株式会社 幻冬舎
〒151-0051 東京都渋谷区千駄ヶ谷4-9-7
電話：03(5411)6211(編集)
　　　03(5411)6222(営業)
公式HP：https://www.gentosha.co.jp/

印刷·製本所　中央精版印刷株式会社

検印廃止

ISBN978-4-344-04252-0 C0095